务实创新话驾培

2015-2016机动车驾驶培训行业

文集

本书编写组　编

人民交通出版社股份有限公司
China Communications Press Co.,Ltd.

内 容 提 要

本文集为中国道路运输协会汽车驾驶员工作委员会及人民交通出版社股份有限公司联合发起的驾培行业征文活动的文章集锦，主要内容包括：驾培行业的改革与创新、质量与服务、现状与未来、管理与营销、技术与应用、品牌与传播、教学面面观、改革大家谈等方面，作者主要为行业专家、管理人员、协会人员、驾校从业人员等。

图书在版编目（CIP）数据

务实创新话驾培：机动车驾驶培训行业文集 /《务实创新话驾培：机动车驾驶培训行业文集》编写组编. —北京：人民交通出版社股份有限公司，2016.9

ISBN 978-7-114-13339-8

Ⅰ.①务… Ⅱ.①务… Ⅲ.①汽车驾驶员—技术培训—行业组织—文集 Ⅳ.① U471.3-53

中国版本图书馆 CIP 数据核字（2016）第 224120 号

Wushi Chuangxin Hua Jiapei

书　　名：务实创新话驾培（2015—2016机动车驾驶培训行业文集）
著 作 者：本书编写组
责任编辑：范　坤　范才彬
出版发行：人民交通出版社股份有限公司
地　　址：（100011）北京市朝阳区安定门外外馆斜街3号
网　　址：http://www.ccpress.com.cn
销售电话：（010）65290010　65290008
总 经 销：人民交通出版社股份有限公司
经　　销：各地新华书店
印　　刷：北京市凯鑫彩色印刷有限公司
开　　本：787×980　1/16
印　　张：11.5
字　　数：150千
版　　次：2016年9月　第1版
印　　次：2016年9月　第2次印刷
书　　号：ISBN 978-7-114-13339-8
定　　价：30.00元
（有印刷、装订质量问题的图书由本公司负责调换）

前　言

QIANYAN

在各地行业管理部门、行业协会以及驾培机构的大力支持和积极参与下，由中国道路运输协会汽车驾驶员工作委员会和人民交通出版社股份有限公司精心策划组织，以“献言驾培　共享发展”为主题的《务实创新话驾培》文集与大家见面了。这是第一次尝试征集行业文章，展示行业风采的活动。在这本文集中，大家广泛发表自己的见解，交流经验、分析问题、探讨改革、献计献策、共求推动驾培行业和谐、健康、有序发展，是一次优秀作品的展示。

回顾我国驾培行业十多年的经营和发展，驾培机构为社会培养了大批机动车驾驶人，为我国进入汽车社会奠定了基础，同时促进了汽车文化的不断深入。由于驾培行业没有很好的进行研究、总结，对好的文化、经验、理念没有进行挖掘、展示，同行间互相学习交流不够，一些好的东西被埋没，很多影响驾校发展的问题，没有能够得到解决，致使驾培机构在寻求发展的道路上走了一条曲折之路。

为了搭建行业交流平台，汇聚大家的智慧，为改革献计献策，推动驾培行业有序、健康的发展，中国道路运输协会汽车驾驶员工作委员会与人民交通出版社股份有限公司联合发起以“献言驾培　共享发展”为主题的征文活动。这次活动得到了业内各界人士的大力支持，经过历时三个月的努力，终于完稿出版，与广大读者见面。

希望广大同仁能通过阅读本文集，认真研究当前的政策，结合行业现状，紧抓机遇、开拓创新、勇于担责，为社会培养出更多安全、文明、高素质的驾驶人。

目　录

MULU

驾校建设

畅谈改革

管理经验

教学方法

驾校建设

充分发挥驾校党组织的作用

吉林省长春汇通驾校

有这样一个基层党组织，十八年前由一群下岗工人自发倡导成立的党支部。他们坚信党员在哪里都不下岗。

有这样一个基层党组织，十八年来，党员队伍不断壮大，从支部发展成为党委，成为全国非公有制企业“双强百佳”党组织。

有这样一个基层党组织，十八年来，始终坚持对党的信念，在党旗的凝聚下，企业实现了跨越式发展，成为驾训行业的一面旗帜。

有这样一个基层党组织，每个党员都是一面旗帜，用党心凝聚起人心，让一个濒临倒闭的小企业，成了纳税超亿元的同行业排头兵。

有这样一个基层党组织，心怀感恩之情，自觉担当责任，十八年来倾情回报社会，先后安置1000多名下岗职工就业，使60多万下岗职工和农民工掌握了技能，重新走上了就业岗位。

汇通驾校，这个在党旗下凝聚的集体，依靠党建工作发展壮大，也在发展壮大的过程中探索出了一条独具特色的党建之路。

一、共产党员永远不下岗

汇通驾校创建于1997年，最初有35名员工，来自社会上十几个行业。刚成立时由于经营困难，35名员工再次面临下岗的困境。怎么办？没资金、没经验、没技能，怎么把这个驾校办好，靠什么把大家凝聚起来？汇通驾校校长、党委书记王志霞曾经也是一名下岗职工，下岗前，她曾在长春市一家国企当过团委书记，她知道企业要想发展好，党组织的政治核心作用、党员的先锋模范作用很重要。在大家一筹莫展时，王志霞想到了当年在毛纺厂，只要车间里有急难险重的任务，都是党员带头干。于是，她组织召开了一次全体员工大会，郑重地说："是党员的请举手！"当时，大家都愣了，过了一会儿人群中争先恐后地说"我是"、"我是"、"我也是"，13名党员举起了手。王志霞激动地说："13名党员足够了，咱们成立个党支部吧。咱们党员人虽然下岗了，但咱们的称号不能下岗。"她还坚定地跟大家说："共产党员永远不下岗"。大家一听这话，都像触了电一样，一下子就来了精神，就这样，1997年6月10日，吉林省第一个下岗职工党支部在汇通驾校成立了。上级党委还给送来了一面党旗，给13名党员佩戴了党旗徽章，13名党员还在党旗上庄重地签下了自己的名字，也就是在这面党旗下，重新唤醒了汇通党员们共同的理想、誓言和承诺。

我们常听人说：现在这个社会好多人缺少理想，缺少信仰和追求。其实我们不这样看，如果你用积极和现实的理想去激发和影响员工，让他们看到党员在这个企业的作用和力量，让他们看到这个理想并不遥远，是看得见摸得着的，他们就会认可你、信任你和加入你。

在汇通驾校这个企业里，既有60后、70后，也有80后，甚至有90后，生活背景和文化背景跨越好几个年代，为什么还有那么多人认同和信任党组织？为什么还要加入党组织？因为他们看到，在这样一个集体里，过的是一种健康快乐、积极向上的生活，他们相信党组织能够改变自己的生活和命运，他们认同我们的价值观。党员、员工把真实的情感投入进去，这个肌体的活力，也就显现出来了。

二、共产党员永远要站好岗

从建校之初，汇通驾校党组织就把全校员工的小照片放在党委办公桌旁，随时都能看到，对员工的工作和生活给予及时的关注和帮助，这个习惯已经保持18年了，随着员工队伍的不断壮大，这个小照片工作台已经换了6个了，学校很多的党委会，都是在小照片工作台前召开的，党委领导们常说，员工们既然这样信任党组织，党组织更要把员工时刻装在心里，现在，随着企业的发展，汇通党委把关爱员工、做好员工的思想工作拿到网上了，白天工作忙，学校的领导们每天晚上9点到11点在员工QQ群或微信中与员工谈心，大家工作和生活中遇到什么困难和问题，都会在上面说，并且第二天马上就给予解决。

在汇通驾校，不仅党员有组织关系，每个普通员工也有"组织关系"。大家也许会问，普通员工没入党怎么会有"组织关系"？那是因为我们在开展基层组织建设年活动时，在全校开展了"手牵手、一帮一，建功立业三人行"活动，就是按一名党员、一个积极分子和一名群众结成帮扶小组，在工作、思想、生活等方面互帮互助、共同提高，这样可以使每名普通员工置身于党组织这个大家庭里，感受到党组织的关怀和温暖。党委长期坚持开展这项活动，作为关心和联系群众的一项重要工作来考核每个支部和党员。这项工作也是汇通驾校"党建连心桥工作法"的一个主要内容。

"党建连心桥工作法"的具体内容是：树立三种岗位意识，打造三种党建文化，塑造五个发展要素，搭建一座党建连心桥。三种岗位意识是：共产党员永远不下岗，共产党员永远要站好岗,共产党员永远要领好岗;三种党建文化是:信仰文化、关爱文化、榜样文化;五大要素是:以密切联系群众为基石,以提升员工素质为支撑,以发挥党员带头作用为桥梁,以打造学习型企业为筑面,以实现社会责任和员工福祉为彼岸,通过党建工作在党组织和群众之间搭起一座连心桥。这个党建"连心桥工作法"贯穿了汇通驾校发展的始终。

汇通驾校的创先争优活动已经搞了十八年。在汇通,无论什么经历,员工都能在党组织这个大家庭里,找到共同语言,找到平等尊重,找到奋斗的劲头。每年我们都要评选出优秀党员和汇通劳模,不分岗位,不分级别,只看工作。

有个劳模,叫张桂兰,她是学校的清洁工,主要工作是打扫卫生、清扫厕所。在这平凡的岗位上,她却是一个爱岗敬业的标兵。听到自己评上劳模,她都不敢相信自己的耳朵,觉得一个清洁工,怎么还能评上劳模呢?学校工会主席告诉她,你虽然是个清洁工,但你爱岗敬业,你就是劳模,当之无愧,我们大家都敬重你。她听了非常高兴,把红花戴在身上整整一天。正是这种喜悦和成就感,让每一个员工都能够体现出工作的美丽和劳动的快乐。在汇通这个团队里,每个员工在用自己智慧和汗水为党旗增添光彩的同时,也为自己的人生增添了光彩。

有人说,现在是一个物质的社会,荣誉已经不重要了,但在汇通,每一名员工都把荣誉看得很重。在学校的荣誉室墙上,陈列着 18 年来历年汇通劳模的照片。这些照片,对于老员工,意味着荣誉和历史,对于新员工则是一种激励。每一年,学校都要安排劳模带薪休假、旅游、疗养;每一个劳模的工作和生活,都能得到学校党委细致入微的关心和照顾。前年,学校在长春最好的小区为连续五年以上被评为劳模的员工买了房。18 年校庆的时候,学校党委对连续多年的汇通劳模给予隆重表彰,并重金奖励。学校还定期把退休的汇通劳模请回学校,让他们看看学校的发展和变化,并为他们设立了"勿忘基金",每年定期发放 3000 元生活补助金,并给患病住院的退休劳模每人补助了两万元"勿忘基金"。2015 年的员工们都说,生活在汇通是幸福的,工作在汇通是快乐的。

三、共产党员永远要领好岗

在汇通一个党员就是一面旗帜,什么是旗帜?旗帜是一种品格,旗帜是一种勇气和责任。这些年,在学校发展的每个阶段,党员们始终带领着身边的员工艰苦创业,起带头作用。我们的党组织,就像一个人的肌体,让你产生动力和活力。

在汇通驾校,不管是新员工还是老员工,他们不仅知道党组织的存在,更知道党组织是他们的主心骨。走进驾校,随处可见"党员示范车"、"党员模范岗"、"党员责任区"、"党员突击队"、佩戴党徽的教练……

2011 年 10 月,为满足学员需求,学校计划再新建一个坡路桥,按工程规模,专业工程队需要一个多月完工。10 多名党员听说后主动向学校党委请缨,要求自己设计施工,仅用10天就完成了建设任务，为驾校节约经费30多万元。

自驾校成立党组织以来，多次被评为省、市、区先进基层党组织，2011年荣获全国非公有制“双强百佳党组织”。18年来，学校党委始终把创造更多的社会价值作为企业职责所系，心怀感恩，倾情回报社会。驾校先后成立了服务民生工作站，设立了“扶贫帮困基金”，累计为社会捐款500多万元，为困难学员减免学费2000多万元。驾校招工时，优先招聘下岗职工和困难职工。从辽宁来的农民工小李，10年前最大的梦想就是在驾校有一份稳定的工作，进驾校后，在身边党员的影响和帮助下，不但入了党，还当上了分校长。

学校党委常说：“员工也是人，我们民营企业也要讲良心，不能把员工当成赚钱的工具。”党委在实践中探索推行“连心桥”工作法，以党心凝聚员工的心气，让每位员工都不掉队；建立党员家访、困难职工援助制度，及时帮助员工解决困难；成立“汇通成功学院”，帮助员工成长成才；建立“365党员阳光服务站”，让党的阳光一年365天温暖着职工；设立健康养生室，定期为员工检查身体；成立员工艺术团，丰富文化生活；关心职工家庭，累计安排80多名职工家属和子女在汇通就业，帮助30名困难员工购置了住房，让员工真切感受到了党组织的关怀和温暖。

现在很多企业都在建立自己的企业文化和工作理念，其实汇通的企业文化和理念这些年一直都没有变，无论是过去的责任和担当，创业过程中的发展和壮大，还是今天我们倡导的“让每一个员工都过上美好幸福的生活”，都是在让激情、理想照进我们的现实生活。

今天，习近平总书记提出了中国梦，这个梦其实就是一种理想、一个目标。这些年，汇通人就是心中有理想，生活有目标，才一步一步走到了今天。汇通驾校党组织的理想和目标就是通过企业的不断发展，让员工都过上幸福美好的生活，我们要把这个共同的理想照进每个汇通人的生活，让大家的生活一天一天在改变的，一天一天更美好！

简介

王志霞，女，1963年生人，中共党员，大学学历，中共十八大代表，长春市人大代表，中国道路运输协会驾驶员工作委员会副主任委员，现任长春市汇通驾驶员培训学校校长、党委书记，先后被评为全国劳动模范、全国“五一”劳动奖章、全国优秀党务工作者、全国三八红旗手、省市优秀民营女企业家。

长春汇通驾校始建于1997年，是一所由下岗职工创办的驾校。十九年来，在校长、党委书记王志霞的带领下，始终坚持用党心凝聚人心，培育具有党建特色的企业文化，使驾校取得了十九年持续发展的骄人业绩。学校现有教学车辆1000多台，拥有一个35万平米集培训、考试于一体的培训基地，可以进行公安部规定的各种车型的培训与考试。学校先后被评为“全国文明诚信优质服务示范驾校”、“全国非公有制企业双强百佳党组织”、“全国民营企业思想政治工作先进单位”。

务实创新路　卓越致远行

——海淀驾校创新发展的七大灵魂

北京市海淀区汽车驾驶学校校长　张燕晨

1985年至今，海淀驾校在北京市、海淀区两级政府和行业主管部门的关心支持下，坚定秉持“务实、创新、卓越、致远”的精神，牢固树立服务理念，建立健全规章制度，优化美化校园环境，依靠科技力量不断提升培训质量，为学员提供更好的学车体验，力争把服务做到更好，切实履行为社会输送安全文明驾驶人的社会责任。

一、人文——海淀驾校是一所“有温度”的驾校

人间有真情，海驾有真爱。走在海驾校园内，处处可以感受到无微不至的人文关怀。这些年，海驾投入大量资金，对主楼广场进行规划改造，修建音乐喷泉和配套景观设施，形成庭院式休闲场所；设立学员餐厅、休息室、咖啡厅等，引入知名餐饮企业；在训练场配备休息桌椅、开水间，增建洗手间；全部教练车配备专用手机方便学员上下车刷卡，并设立手机充电站；开办校报《海驾e家》，开通微信、微博，发布学车技巧、校园动态、时事热点；针对学员群体年轻化的特点，提出“海阔天空，驾驭年轻”的口号，让学员在轻松愉悦的环境中学车。根据学员需求，调整班车路线、开设新班型；斥资建成A、B两个考试区，A区考试，B区为学员提供考前测试；通过组织活动，将海驾自产的水果免费赠与学员品尝；公布校长信箱和举报热线，对学员反馈的问题限时解决。力争让每位学员都满意地从海驾毕业。为全体员工每年做体检，组织运动会，文艺晚会，发放各种补贴。

二、绿色——海淀驾校是一所“花园式”驾校

建校初期,海驾所处的大西山地区是一片“沙打脸、灰迷眼,尘土染衣衫”的荒芜之地,交通不便。为给学员提供良好的学车环境,我校制定了环境治理和校园绿化美化中长期规划,对校园环境进行系统、深入的改造。在市、区两级政府的帮助下,依山势修建四个蓄水池收集雨洪,把排洪沟变成水系景观工程,实现雨洪再利用,水系两侧绿柳拂风,池中荷香四溢,两岸有凉亭座椅,供学员赏景、小憩。占地3000多亩的训练场,种植了银杏、国槐、花灌木等树木五万余株,还种有樱桃、蓝莓、白杏、桑葚、板栗等十余种果树,植被覆盖率达80%以上,实现了三季有花、四季常绿的绿化美化效果,被北京市授予“绿化美化先进单位”,被学员形象地喻为“君在车中坐,车在画中游”。

三、科技——海淀驾校是一所“行进中”的驾校

1995年,在北京市车管所的支持与帮助下,我们首次将计算机管理引入到教学中,在全国率先实施计时培训,单人单车训练,以保障学员的权益、提高培训质量,因此荣获国务院发展研究中心颁发的“中华之最”荣誉称号,为北京驾校全面推行计时教学培训奠定了基础。教学楼、考试场都配备有先进的电教、考试设备,2004年被北京市车管所评为“星级驾校”。随着信息化时代的到来,积极拥抱互联网,开通线上报名缴费、网络预约训练考试功能,搭建官方QQ、微博、微信、手机APP等自主服务平台,学员可足不出户实现约车、约考查询等需求。现在,正与毕业于清华大学的几位博士联合研发“机器人”教学。未来,海驾会向着智能化发展,让科技更好地服务学员。

四、匠心——海淀驾校是一所具有“工匠精神”的驾校

海驾建校起步于中国经济体制改革风起云涌之初,成长在技术革命深刻改变世界面貌之时,在新的历史时期,包括驾校在内的现代企业管理,应当具有“严谨、专注、持久、入微”的“工匠精神”,而教学服务和校务管理则是驾校日常工作的核心。在长期的教学实践中,我校总结出一套切实可行的工作方法,重点有“8字服务法”、“14字教学法”和“16字管理法”,具体内容如下:

8字服务法:“眼勤、口勤、手勤、腿勤”。具体来讲就是在为学员服务时,要做到上述“四勤”,即:“眼勤”,眼观六路,实时发现学员需求和不良的驾驶行为;“口勤”,要多讲解常提醒,克服麻痹和侥幸心理,灌输安全文明的行车理念;“手勤”,要多指点多纠正,让学员多练习,避免危险驾驶;“腿勤”,尽可能多为学员做些力所能及的事。

14 字教学法："先讲后教再实操，鼓励点赞好提高"。就是说，在教学过程中，要力求精确精准。科目讲解要细致入微，动作示范要标准规范，让学员多操作找车感，讲评要以表扬鼓励为主，多肯定少否定，多纠正少批评，帮助学员更好地掌握驾驶技能。在教驾驶技能的同时，更要灌输给学员安全文明行车的理念，养成良好的驾驶习惯，掌握防御性驾驶的要领。因为责任重于泰山，"平安"才是回家最近的路。

16 字管理法："流程为先制度至上，绩效管理指标考核"。在驾校的管理中，规章制度是所有工作正常开展的基础，而系统化、标准化的工作流程则是规章制度在实现过程的操作指南。建校三十年来，我们不断总结前人经验，逐步形成了一整套完善的规章制度和工作流程，使得在教学活动、行政管理及后勤服务等各项工作中，有章可循、有据可查、按部就班、井然有序。而在质量管理方面，我们层层分解、细化考核指标，将教学人员的薪酬待遇、管理人员的绩效考核与其完成的教学成果、工作质量挂钩，极大地调动了大家的工作热情，全体教职员工精神饱满、勤勉尽职地投入到本职工作中，有效保证了教学质量。

五、创新——海淀驾校是一所"善学"的驾校

海驾虽然已过而立之年，但依然保持着"年轻"的心态，这得益于我们海驾人的创新精神。在教学培训上，以社会需求为导向。从 1988 年的"驾驶操作要领"小册子开始，而后组织编写北京市第一套驾驶员培训教学大纲，在 200 多家驾校中推广使用；最先成立汽车俱乐部并于 2002—2004 年承办全国汽车拉力锦标赛，助力国家汽车运动事业发展；海驾是北京市第一家实行科目二、三考试自动评判试点驾校。2013 年，公安部 123 号令实施后，在当时全国驾培行业科目一考试合格率哀鸿遍野之际，我校采用新总结的教学方法，使得第一次科目一考试合格率就达到了 98%，北京市车管所及央视在海驾召开了现场会，介绍了海驾的成功经验。在品牌传播上，以社会潮流为风向标。打出"传统媒体 + 新媒体"和线上线下活动并举的"组合拳"，双十一、双十二、圣诞节及今年 5·20 的"樱为爱你"、6·1 的"'杏'福有你，海驾'童'行"等活动，都给学员留下深刻印象，增加了品牌黏性。这些创新的手段，不仅让海驾永葆青春活力，更为行业发展提供了助力，全国驾校同行纷纷到海驾参观考察。

六、品质——海淀驾校是一所"服务型"驾校

海驾每一位工作人员都是服务者，服务者就要做到"内外兼修"。一是对内重修养，为保证教学品质，我们采取"行业培训 + 驾校内训 + 外聘讲师"相结合的方式，对员工进行系统培训，内容涵盖服务礼仪、行为规范、理论实操、心理学等，培训完成后进行结业考

试,促进服务质量、培训质量不断提升。去年,以海驾校庆为契机,开展"我行我秀"教练员和学员"科目二"五项技能大比武,通过比赛既考察教练员自身技能,也检验了教练员的教学水平。同时,选派优秀员工参加行业组织的教学与服务技能培训班,在全国范围内与同行交流切磋、取长补短。二是对外重品行,为方便学员就近报名,在城区开设30多个报名中心,开设多条班车线路往返驾校和城区免费接送学员。为清华北大30余所高校上门服务,和百度、小米、58同城、金山等大型企业建立点对点、个性化的定制服务。大力倡导"伙伴式教学""朋友式教学",密切教练和学员的关系。通过公示评选教学服务标兵,为标兵个人和车辆定制徽章,在官网、微信、微博等平台上进行表彰、宣传,以点带面,全面提升教练员整体教学服务水平。当服务形成了习惯,品质就得到了保证。

七、自律——海淀驾校是一所"有规矩"的驾校

俗话说"没有规矩不成方圆"。风气建设和内部管理是我校在行业自律方面开展工作的两个主要着力点。

一手抓风气建设。1999年,为遏制"吃拿卡要"歪风邪气,海驾班子成员吃住在驾校,制订《海淀驾校员工奖励、管理办法》《考勤制度》《培训教育和业绩考评管理》等规章制度;实行"分餐制",设立学员餐厅和员工餐厅,强制分离教练与学员就餐地点;成立安纪科查纠违规违纪行为,对"吃拿卡要"行为采取零容忍态度,发现一起处理一起,不良风气得到彻底扭转。

一手抓内部管理。2001年,经过认真调研,在全体员工的共同努力下,海驾在全国同行中,率先通过ISO 9001国际质量管理体系的审核认证,这一举措在社会上引起了强烈反响,英国、德国、日本、澳大利亚的驾培同行纷纷到海驾参观交流。2015年10月,海驾参加全国驾培行业自律公约发布仪式,做出廉洁自律的庄严承诺,并于2016年6月被评为"全国行业自律先进驾校"。海驾连续多年被评为保护消费者权益"3·15"放心单位、维护消费者权益诚信服务满意单位。

此外,在驾培主业顺风满帆、跨越发展的同时,我们知恩图报、不忘初心,积极投身社会公益活动。例如,海驾建校初衷之一就是解决海淀山后地区劳动力就业问题,带动山后地区经济发展;为五十年国庆庆典培训专职驾驶人;受邀参加中国国际新能源汽车展,倡导文明驾驶、绿色出行;助力北京蓝天工程;响应习近平主席号召,支持足球明星进校园,促进竞技足球、职业足球与校园足球接轨;投入大量资金拍摄教学片、制作公开课,分享到优酷、腾讯、爱奇艺等多个大型视频网站,供人们免费观看;在海淀区委宣传部、旅游委等委办局的支持下,与中国摄影报、摄影家协会共同举办"助力冬奥、畅游西山、驰名海驾"摄影联谊赛,作品集中展现北京大西山地区怡人的自然风光和丰富的人文景观。

"居高声自远,非是藉秋风。"海驾三十年发展所取得的成绩,离不开市、区政府和行

业主管部门的指导和帮助，离不开历届管理者的努力和付出，离不开全体员工的拼搏和奉献，更离不开广大学员朋友的包容和理解。随着驾培改革不断深入，驾培行业与“互联网”不断融合，机器人教练车和无人驾驶汽车为代表的前沿科技将为驾培行业带来深远影响，这对海驾来说，既是挑战也是机遇，迫使我们坚持进行改革和创新，不断为持续发展注入新的活力。

回首过去，成绩固然可喜；展望未来，前路依旧艰辛。海驾人将栉风沐雨、砥砺前行、承前启后、继往开来，为社会培养更多安全文明合格驾驶人，为构建和谐交通社会，建设创新型经济大国做出更大贡献。

简介

张燕晨，1962 年生人，中共党员，研究生学历，现任北京市海淀区汽车驾驶学校校长。

北京市海淀区汽车驾驶学校，创建于 1985 年，是海淀区区属大型企业，位于海淀区大西山风景区，占地 3000 余亩，三面环山一面临水，毗邻中关村科技园区北部新区，周边有凤凰岭、鹫峰、大觉寺、龙泉寺、稻香湖、狂飙乐园等多处自然风景和人文景观。建校三十年以来，海淀驾校秉持着“务实、创新、卓越、致远”的精神，致力于打造人文驾校、绿色驾校、科技驾校，力求把服务做到更好。

目前，海淀驾校拥有山路和城市训练道路 86 公里，培训车辆近 800 台，班车近 60 台，建有北京市最大的法规培训教学楼和先进的电教、考试设备，及独立的考试场和科目齐全的训练场。海淀驾校以严谨的教学计划、规范的培训教程、周到的贴心服务和优美的校园环境，受到广大学员的青睐，学员考试的合格率在同行业中名列前茅，得到了行业主管部门和社会各界的认可。

一家驾校凭什么上科技创新板

上海荣安机动车驾驶员培训股份有限公司　陶文光

2016 年 4 月 28 日，上海荣安朱泾机动车驾驶员培训股份有限公司成功在上海股权托管交易中心科技创新板挂牌（股票代码：300035），由此中国驾校科技创新第一股诞生。荣安驾校自 2008 年 8 月 28 日运营至今，始终秉承“诚信创造价值、科技引领未来”的经营理念，创新塑造“先学后付、计时培训、学员自主、大数据评价”为主要特征的驾驶员培训模式——“荣安模式”，已成为全国驾培行业独树一帜的品牌示范驾校。

公司在驾培过程中采用多种高科技技术，例如：北斗卫星导航差分定位技术、大数据云平台技术、生物虚拟仿真技术、3G 通信技术、多种物联网感知技术、教学建模技术、电子地图技术等，采集学员学习培训的几乎全部动态的视频、音频、人体生物、行车轨迹、教学/考试动态数据、日志数据等海量信息数据，依靠科技化、信息化，科学严谨的进行驾培学事管理，并开发了与此配套的驾校学事管理系统。该系统由互联网预约管理系统、驾校信息管理系统、学员信息管理系统、培训计时管理系统、智能化驾照考试等五个系统组成。各子系统能实时数据交互，资源共享或独立运行。这是一个以学员培训为主导，可供驾校、交通和公安管理部门共享的大数据平台。该系统的技术框架、大数据技术、数据交换等方面均支持未来云端部署、云端服务的“云驾校”模式。经过近十年的摸索创新和实践完善，公司又创新开发出“荣安驾校学事管理云平台”，见下页图，并获得了国家颁发的“计算机软件著作权登记证书”，由此使公司科技创新又上了一个新台阶。

培训、管理过程全部实现数据信息化，充分运用大数据发掘技术保证培训质量，学员驾培过程全程数字化，智能化自动记录培训过程，实现教学日志真实、全面和实时传送，且具备人工智能评价、统计、报警、查询、打印和音视频回放功能，提高了教学效果。

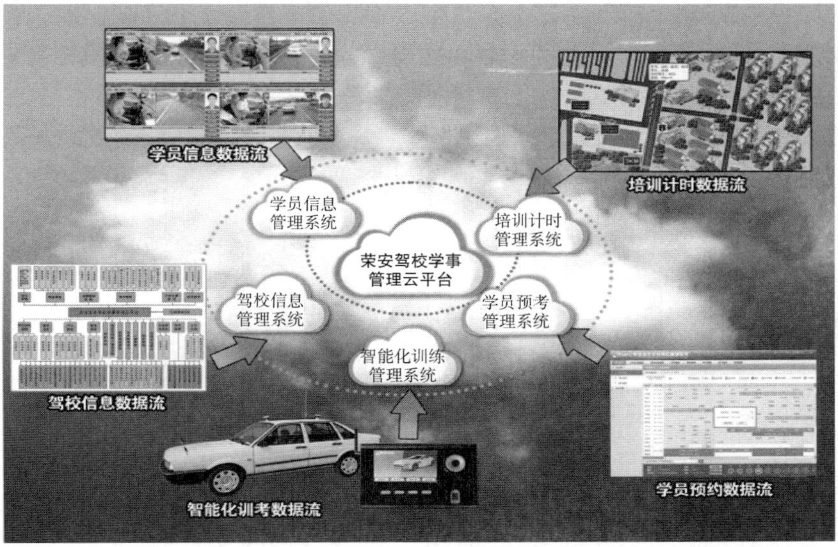

荣安驾校学事管理云平台

在教学理论研究方面,公司的重要科研成果是“六种教学日志”,即“场内驾驶培训(科目二),见下页图:场内驾驶训练日志、独立驾驶训练日志、场内考核训练日志;道路驾驶培训(科目三):道路驾驶训练日志、同车互动训练日志、道路考核训练日志”。日志全面跟踪、回溯、自动生成、毫米级精确测评学员驾培效果。日志是保护学员“三权”(知情权、选择权、监督维护权),规范教练员教学行为,提高其教学水平的重要依据。

由于采用卫星定位技术对教练车辆进行严格监控,优化了教练车的管理模式,优化了培训教学课程设置和驾校场地的技术配置,与传统驾驶员培训教练场相比荣安模式节省30%的车辆和场地资源。同时,每位学员的平均油耗节约了30%以上。荣安模式建立了资源、能源节约型的行业低碳发展模式。

公司先后获得中国道路运输协会颁发的2013年度全国驾培行业文明诚信优质服务“示范单位”“全国驾培行业《先学后付、计时计程》系统教学方法培训基地”;人民交通出版社授予的“道路交通安全与机动车驾驶培训研发基地”;连续多年在上海市驾培行业培训机构综合考核中名列前茅。2012年11月13日,《中国交通报》头版头条报道:“荣安模式”引领驾培新风向。东方财经《创新360行》栏目、文汇报、新民晚报等主流媒体给予了高度关注与积极评价。

公司未来以机动车驾驶员培训的云驾校管理为主业,综合延伸汽车消费服务商业模式(包括保险、4S服务、租赁等)。公司秉承“诚信创造价值、科技引领未来”的经营理念。公司力图通过强化主营业务的科技深度,提升云驾校管理水平,扩大主营业务的运营规模和盈利能力;拓展汽车消费延伸服务的多元化商业模式,使公司通过不断创新应用新技术,不断创新驾培模式,成为对社会有强烈责任感的汽车综合消费服务运营商。

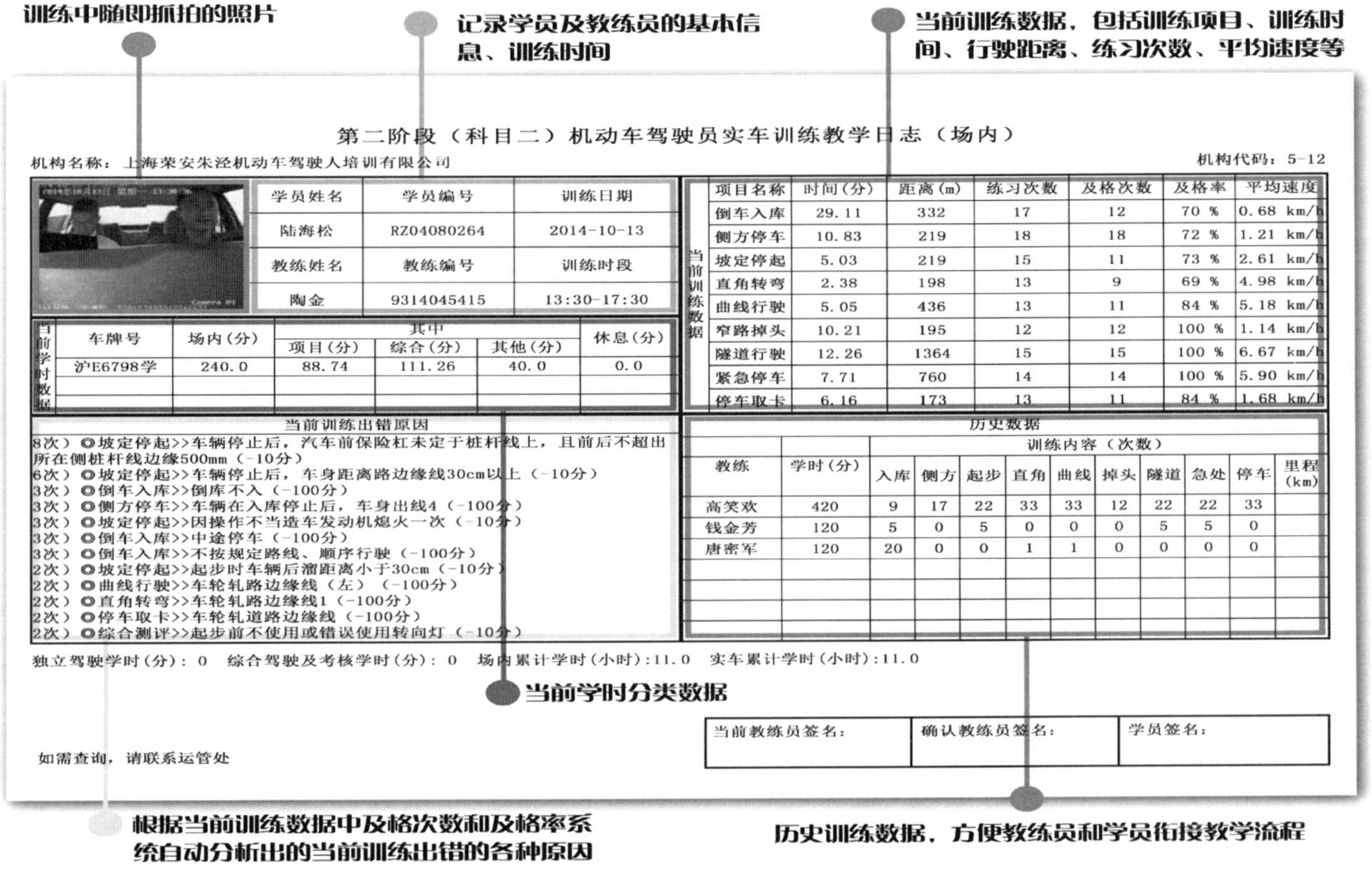

第二阶段（科目二）机动车驾驶员实车训练教学日志（场内）

机构名称：上海荣安朱泾机动车驾驶人培训有限公司　　机构代码：5-12

学员姓名	学员编号	训练日期
陆海松	RZ04080264	2014-10-13
教练姓名	教练编号	训练时段
陶金	9314045415	13:30-17:30

当前学时数据

车牌号	场内(分)	其中			休息(分)
		项目(分)	综合(分)	其他(分)	
沪E6798学	240.0	88.74	111.26	40.0	0.0

当前训练数据

项目名称	时间(分)	距离(m)	练习次数	及格次数	及格率	平均速度
倒车入库	29.11	332	17	12	70 %	0.68 km/h
侧方停车	10.83	219	18	18	72 %	1.21 km/h
坡定停起	5.03	219	15	11	73 %	2.61 km/h
直角转弯	2.38	198	13	9	69 %	4.98 km/h
曲线行驶	5.05	436	13	11	84 %	5.18 km/h
窄路掉头	10.21	195	12	12	100 %	1.14 km/h
隧道行驶	12.26	1364	15	15	100 %	6.67 km/h
紧急停车	7.71	760	14	14	100 %	5.90 km/h
停车取卡	6.16	173	13	11	84 %	1.68 km/h

当前训练出错原因

8次）◎坡定停起>>车辆停止后，汽车前保险杠未定于桩杆线上，且前后不超出所在侧桩杆线边缘500mm（-10分）
6次）◎坡定停起>>车辆停止后，车身距离路边缘线30cm以上（-10分）
3次）◎倒车入库>>倒库不入（-100分）
3次）◎侧方停车>>车辆在入库停止后，车身出线4（-100分）
3次）◎坡定停起>>因操作不当造车发动机熄火一次（-10分）
3次）◎倒车入库>>中途停车（-100分）
3次）◎倒车入库>>不按规定路线、顺序行驶（-100分）
2次）◎坡定停起>>起步时车辆后溜距离小于30cm（-10分）
2次）◎曲线行驶>>车轮轧路边缘线（左）（-100分）
2次）◎直角转弯>>车轮轧路边缘线1（-100分）
2次）◎停车取卡>>车轮轧道路边缘线（-100分）
2次）◎综合测评>>起步前不使用或错误使用转向灯（-10分）

历史数据

教练	学时(分)	训练内容（次数）									里程(km)
		入库	侧方	起步	直角	曲线	掉头	隧道	急处	停车	
高笑欢	420	9	17	22	33	33	12	22	22	33	
钱金芳	120	5	0	5	0	0	0	5	5	0	
唐密军	120	20	0	0	1	1	0	0	0	0	

独立驾驶学时(分)：0　综合驾驶及考核学时(分)：0　场内累计学时(小时)：11.0　实车累计学时(小时)：11.0

当前教练员签名：	确认教练员签名：	学员签名：

如需查询，请联系运管处

第二阶段（科目二）机动车驾驶员实车训练教学日志

简介

陶文光，高级经理人、高级技师，现任上海荣安机动车驾驶员培训有限公司总经理。

2008年8月28日，荣安驾校作为上海市城市交通运输管理处和上海市交警总队车辆管理所指定的："先学后付，分段计时培训改革试点单位"正式开业。多年的辛勤创业，荣安人赢得了社会各界的广泛认同：获评全国文明诚信优质服务示范驾校；连续多年获评上海市驾培行业诚信考核最高等级AAA级驾校；连续多年在上海市驾培行业培训机构综合考核中名列前茅；2012年11月13日，《中国交通报》头版头条报道了荣安模式；2013年2月27日，在全国机动车驾驶员培训工作会议上作先进经验介绍。

驾培服务的结构性改革刻不容缓

江西蓝天驾驶学校　吴慕林

驾驶员培训与教育、医疗、金融和旅游一样，都是依据消费者的不同需求，提供各种服务的行业。随着驾驶热的不断升温，消费者对驾驶员培训服务（以下简称“驾培服务”）关心、关注的程度也日益提升。服务是无形的，从经济学的角度看，无形的服务与有形的产品一样，同属供给的范畴。

一、驾培服务结构性改革的背景

供给侧改革可谓当下热议的话题，中央最高层强调，要“加强供给侧结构性改革”。驾培服务是否面临供给侧结构性改革的问题呢？答案是肯定的。长期以来，驾培服务业诟病甚多，消费者抱怨声不断。因此，清除驾培服务之诟，就成为供给侧改革的任务了。

从宏观层面看，之所以要改革，肯定是经济出了问题。当前，以供给不足和需求不足形式突显的“供需错位”，已经成为中国经济增长的最大障碍。一方面，供给严重不足，促使很多人在海外疯狂扫货，为了购买自己满意的商品甚至一个马桶盖也不惜远渡重洋，导致国内消费逐级而下。但另一方面，产能却严重过剩，尤其是传统工业产品的产能。这些状况表明，供给出了问题，但不是总量问题，而是结构性的问题。再往下分析，可以看到，扭曲的结构并非出自产品品种，而是质量结构出了瑕疵。那样多的产品严重积压，例如马桶盖，人们偏偏去国外买。为什么呢？很简单，人家的东西质量好。这种现象或许就是“产需不相匹配”导致的负面效应了。这个问题，需求端无法解决，正如不能禁止消费者购买国外产品一样，必须在供给端考虑解决问题的办法。李克强总理强调：“要在供给侧和需求侧两端发力促进产业迈向中高端”。注意，这里言及的“中高端”，即为高质量的产品和服务。

二、现行驾培服务的弊端及结构改革的必要性

从微观层面看,现行驾培服务除自身先天性的缺陷外,宏观层面的种种弊端也如幽灵般在其领域游荡。

1. 供需错位的矛盾愈演愈烈

一方面,供给总量的增长突飞猛进。以南昌市为例,该市驾驶员培训学校由10年前的10余所,快速增加至目前的60多所,这还不包括时而冒出的“黑驾校”,供给不可谓不多。但与此同时,大量学驾者为选择一所满意的驾校而茫然无措。如果不是受到户籍、居住证或国籍的限制,不少人恐怕会像远涉重洋抢购日本马桶盖的人一样,到国外学驾驶去了。这意味着,在部分驾校面对生源“一人难求”的窘况时,很多学驾者却难以寻觅到诚信度和服务质量皆值得信赖的驾校。目前,已有部分驾校处于“闲置”或“半闲置”的状态,“产能”过剩的苗头已经萌发,这或许就是宏观层面的供给侧结构扭曲在驾培领域的表现。

2. 师生关系失衡

传统驾培行业的一大特征是,师生关系如同拜师学艺的师徒关系。长期以来,驾培行业奉行“一日为师,终身为父”的理念,即教练员为师傅,学员是徒弟。既然如此,学员理应孝敬教练员。在学习驾驶过程中,学员给教练员送礼的现象屡见不鲜。不仅如此,教练员索贿的行为也时有发生。在缺乏约束或约束无力的状况下,送礼之风日盛,“吃拿卡要”之恶习难以禁止。这些行为虽然屡屡被指责,但却如时而浮起的沉渣,玷污着驾培市场。

3. 优质服务欠缺

从招收学员入校到进入练车环节,再步入考试阶段,对学员服务并全程跟踪本为驾培服务的常态性工作,也是职业道德使然。但在部分驾校,不仅服务没有跟进,反将学员从练车到考试的全部过程交由教练员支配。不少学员抱怨道:“进入驾校报名前,还能看到服务人员的笑脸,一旦交纳了费用,我们就成了无人照看的孤儿。”更为严重的是,部分驾校将教练车承包给教练员,或允许社会教练车挂靠,满足于收取承包费或挂靠费。至于服务,尤其是优质服务则无从谈起。

4. 低价陷阱

表面上看,恶性竞争导致驾培服务不断降价的状况似乎有利于学驾者。可是,企业生存和发展必须具备两个条件,一是补偿成本,二是合理利润。当过低的价格压缩或挤空了利润,以至不足以补偿成本时,学车过程势必受到影响。首当其冲的就是驾培服务,驾校会降低本应给予学员的服务。如减少练车时间、敷衍学员投诉、粗暴教学等,甚至发生欺诈性收费,如看考场费、模拟考试费,还有所谓的考试“包过费”、二次考试的“油耗

费”等,收费项目五花八门、名目繁多,处处充满陷阱。

上述状况表明,当下驾培行业发展的瓶颈在于供给不足,而供给不足则聚焦于驾培服务质量的结构性错位。学驾者的批评指责与驾培服务乏力直接相关。由此可以得出结论:在供需错位矛盾的格局下,驾培服务不仅有必要启动结构性改革,而且刻不容缓。

三、驾培服务结构性改革的对策

改革的根本任务是将资源要素(包括劳动力、资金和技术)从过剩的驾培产能中释放出来,转而服务于驾培行业的优质资源。具体而言,驾培服务要以创新的方式满足消费者的需求。我们知道,需求是创新的动力或源泉。明确了需求,就可瞄准创新的目标和方向。但需求不能坐等,作为供给端的驾培服务业要努力发现需求、找到需求、挖掘需求。这里,既有政府作为的空间,如对优质驾培资源的扶持,遏制劣质的、过剩的成分,更有市场调节的用武之地。

1. 要发现消费者的需求,适时推出新的驾培模式

驾培服务要善于发现消费者的需求,并围绕需求创新服务模式。驾培市场总是存在“未被满足需求”的群体,当这个群体不接受或者抵触传统驾培模式时,就意味着对创新的呼唤。一个全新服务模式的创新,相关方案的设计需紧密跟进。但是,设计方案属于技术范畴,而不断发现需求则要具备改革的思维、超前的眼光。

在江西,蓝天驾校率先突破传统驾培模式的桎梏。早在 2011 年 6 月,江西蓝天驾校就瞄准特定消费群体,锁定目标市场,推出了 VIP 贵宾专区驾培服务,以满足学车族的不同需求。在这里,学员不仅能体验“量体裁衣”式的贵宾服务,还能得到星级教练员朋友式教学的礼遇。不仅可以愉快地学习驾驶理论知识,还能享受茶轩、专区休息等多重服务。更为重要的是,“蓝天人”改变的不仅是一种培训方式,而是挑战传统驾培模式的勇气和决心,也是蓝天驾校展示创新精神的破冰之旅。

2. 要找到消费者的需求,将驾培服务推上更高的台阶

任何创新都源于消费者对性能表现更加出色的供给的渴望。如运行快、能耗低的运输工具,便捷且功能多的器械等。而结构科学的供给则会在不断的创新中,满足消费者的需求。驾培服务同样如此。去年,江西蓝天驾校通过对驾培市场的深入研究,寻找到学驾者潜在的服务需求,针对性地推出“计时培训,先学习后付费”的学驾新模式。这个模式的主要特点是给予学员“三个自主权”,即选择教练员、预约培训时间、选择缴费方式的自主权。实践表明,在这个模式内,不仅卸去了教练员“师道尊严”的衣钵,重建了教练员与学员之间新型的师生关系,还使各项暖心、贴心的服务措施步入程序化、规范化的轨道。同时,滋生低价陷阱的土壤也正在被清扫荡涤。这既表明迫使供给方提高服务质量、提升驾培效率的倒逼机制的形成,也意味着对传统驾培模式的彻

底颠覆。令人欣慰的是,自“蓝天人”启动这一模式以来,江西驾培市场已悄然形成持续发力的“蓝天效应”。

在“蓝天效应”的触动下,江西省已开始全面推行“计时培训,先学习后付费”的驾培服务模式。政府相关管理部门要求到今年底,这一模式在全省的覆盖率达到50%以上,2017年达到80%,2018年底实现全省覆盖。这样,江西驾培服务的结构性改革,将迈出实质性的一步。

3. 要挖掘消费者的需求,不断完善驾培服务模式

在驾培服务中,挖掘和满足消费者需求的过程,也是创新和完善供给侧结构的过程。当下,有学驾者认为,学习驾驶只为求驾照一本,而忽略交通安全意识的建立。从供给侧的角度讲,传授交通安全知识、树立文明驾驶的理念,是驾培服务结构性改革的重要内容之一。随着社会的进步,道路交通安全的重要性愈加突出,驾培服务急需从供给侧的角度挖掘并满足这一需求。可喜的是,江西驾培行业已经开始行动,他们或走出国门向发达国家的同行求取真经,或倡导儒家礼让、互让之文化精神。江西蓝天驾校从生命的重要性、社会道德伦理、行为规则着手,以创造光明、和谐的交通文化社会为目标,实施前瞻性教学。

驾培服务的结构性改革刻不容缓,而要达到改革的目的,需以驾培市场“未被满足的需求”为目标,保持创新冲动的持续性。我们相信,只要满足消费者的需求,包括待挖掘的需求,高质量的驾培服务才能孕育而出,驾培服务结构性改革才能跟上时代前进的步伐。

简介

吴慕林,现任江西蓝天驾驶培训中心有限公司党委书记。

江西蓝天驾校创办于2004年,拥有昌东、昌北和昌南三大校区,近千名员工,800多亩高标准训练场地和800多辆教学车辆,是江西省设施最先进、管理最规范、教学质量最好的驾驶员培训机构。该校以“为社会培养合格驾驶人才”为使命、“办学员满意驾校”为宗旨,为广大学员建立交通安全意识竭尽全力,并提供从报名、培训到考试的一条龙优质服务。先后获得了“全国文明诚信优质服务示范驾校”、“江西省职业教育先进单位”、“江西省十强驾校”和“江西省先进基层党组织”等几十项荣誉。

安全教育基地与驾校服务创新

阳光易驾投资管理有限公司　蒋　源

［摘要］　为了自身发展需要，同时为了体现社会责任，江苏港城汽车运输集团机驾人员培训中心（以下简称港城驾校）创新服务理念，在2014年筹建了“张家港市交通安全文明教育基地”，并于同年11月正式启用。由驾校建设安全教育基地在苏州市尚属首例，该基地不仅是驾校员工、学员培训再教育的重要阵地，同时也作为一项社会公益项目免费对外开放，为全体张家港市民，特别是驾驶人和在校学生提供了学习交通安全常识，体验交通安全科技成果，养成文明出行习惯的场所。交通安全文明教育基地定位准确、主题鲜明、功能实用，受到学员和社会各界人士的认可和赞誉。

一、建设交通安全教育基地的社会背景

随着我国人民生活水平的提高，全民学车潮汹涌而来，标志着我国已进入汽车时代。在全国道路交通呈现流量高位增长、交通工具日趋多元化的同时，提高的交通安全意识成为全社会普遍关注的问题。安全工作，预防为主，说的是安全教育要注重事前，而传统的事前教育多来自父母的言传身教或通过参加国家强制性教育即交规考试，以及安全宣传活动等获得。这种方式存在观念不能与时俱进、科技含量低、难以吸引受教育者被动接受等不足，收效甚微。为了弥补传统教育的不足，各类交通安全教育基地应运而生，运用科技帮助人们获得真实体验，加深对安全的认知，达到快乐学习的目的。

交通安全文明创建一直是张家港市“美丽港城”建设的重要砝码，为进一步完善交通安全文明教育长效机制，使交通安全文明教育制度化、规范化，共同营造“文明交通我参与，交通安全我受益”的良好社会氛围，打造优秀的品牌形象，港城驾校继2011年成功创

建“阳光 e 驾”驾培服务新品牌后，又在 2014 年底率先建设了苏州市首家“交通安全文明教育基地”。该基地寓教于乐，运用了大量的科研成果，充满了乐趣与“阳光 e 驾”以人为本、快乐学车、科技为先的服务理念相契合。

二、交通安全文明教育基地简介

1. 基本情况

2014 年，港城驾校在港城汽运集团的支持下，立足现代文明快速发展的大背景，成立专门的团队，斥资六百万元兴建了“张家港市交通安全文明教育基地”，基地位于张家港市交运时代广场港城驾校总部二楼（华昌路 5 号），占地面积约 1500 平方米，并向社会承诺作为公益场馆免费对外开放。

2. 基地区域划分

基地主要分为序厅、认知教育厅、警示教育厅、体验教育厅、交通知识长廊、感悟宣誓厅，旨在运用声、光、电一体的表现形式向公众展示有关法律法规、交通安全知识、交通事故案例、交通违法行为等，从而起到重要的示范引领作用。以下举三个项目为例：

（1）3D 警示教育影院，将典型的交通事故案例通过 3D 影视制作技术，再现重特大交通事故的发生过程，让参观者身临其境地感受到因违法驾驶导致的车辆不可控、人车碰撞、司乘人员的惊恐、生命的脆弱。从而对参观者内心引起强烈的震动，强化教育效果。

（2）在酒驾体验区，参观者可以先体验一下酒精测试仪，随后可以戴上酒驾眼镜，真实感受一下酒后眩晕、身体失控的情形，然后在地毯上按照规划路线行走一下，体会视觉与身体平衡感的落差，从而真切感受酒后驾车的危害性。

（3）安全带碰撞体验设备，通过模拟碰撞体验，让体验者真实感受到车辆发生意外碰撞时，安全带对于人的保护作用，提醒每一位参观者在驾车时养成系安全带的良好习惯。

3. 基地服务对象

基地不仅是驾校员工和学员培训再教育的重要阵地，同时免费对社会开放，为张家港市民，特别是广大驾驶人和在校学生提供学习交通安全知识、体验模拟情境设施、传播文明出行理念的教育服务。面对不同受众，基地也设置了各具特色的学习与体验项目，满足参观者的需求。

面向员工的特色学习和体验项目主要有：法律法规、复杂反应测试仪及夜视力测试仪、事故再现与经验分享、港城汽运集团的发展历史与现状、警钟长鸣等；

面向学员的特色学习和体验项目主要有：灯光体验、新手上路注意事项、汽车文化发展沙龙、事故责任判定、事故应急处理等；

面向社会人群的特色学习与体验项目主要有：3D 影院、绿色出行交通标识学习墙等。

三、交通安全文明教育基地的创新之处

在筹建张家港市交通安全教育基地之初，港城驾校派出专门的团队到北京东方时尚驾校、山东正直驾校、江阴环宇驾校参观学习，获得了宝贵的经验。在设计、建设与运作中，港城驾校的创新之处主要体现在以下三点：

1. 设计方案创新

基地设计因地制宜，处处显示了巧思妙想。大到整个区域的功能划分，小到一个角落的充分利用，都是港城驾校员工的思想结晶，投入很少的资金，收到了较好的效果。例如从幻影柜到警示台之间，主创团队设计了一面幸福与悲伤墙，通过一堵墙两面的翻转，很好地实现参观者情绪的转换，充分利用了空间。特别值得一提的是，在设计方案中创造性的引入张家港市文明创建的相关内容。整个基地以情景交融、人机互动为主要设计思路，大胆采用了三维立体呈像、纳米显示屏等国内先进的多媒体技术，形成了良好的学习氛围，获得更好的教育效果。

2. 服务对象创新

创新服务理念，将安全文明教育基地提供的服务与港城驾校一贯坚持的阳光公益相结合，不仅面向员工与学员，同时免费对外开放，使之成为张家港市展示交通安全文明创建成果的窗口，让港城驾校的企业行为实现了全社会的资源共享。

3. 运作模式创新

港城驾校坚持将基地作用发挥到极致。为了让服务更到位，专门配备了 5 名讲解员，为参观者免费提供服务。利用学员到驾校进行科目三理论考试的机会，坚持分期分批组织这些新驾驶人进入基地参观、学习、体验，并免费赠送一堂安全课程。组织在校学生参观时，我们创新思路，采用定制公交 + 安全基地的模式，安全环保低费用，解决了学生往返基地的交通问题，受到广大师生的欢迎。由于基地设施体现张家港交通文明建设，被张家港市文明办定为对外接待参观的重要点位，成为展示张家港市交通建设情况，体现城市文明程度的重要窗口。

四、交通安全文明教育基地的社会影响

基地自开放以来，截至 2016 年 6 月，受训学员达 236 批次 11800 余人次，已累计接待公司以外参观学习考察团队 178 批次，逾 9000 人次。参观考察的有来自公安部交管局、中央文明办等党政机关的领导；还有来自湖北、江西、四川、上海、浙江、河南、黑龙江、福建、广东、内蒙古等多个省外团队。基地在提供参观服务之余，还通过 PPT 讲座等形式普及安全文明驾驶知识 1278 人次，遍及全市多所中小学，收到了良好的社会效益。

张家港市交通安全文明教育基地的建成和开放，是港城驾校创新服务理念的重要举措。它作为目前张家港市唯一一家专业性的安全教育基地，不仅对传播交通文化、共建和谐社会具有重大的意义，还对促进“阳光 e 驾”品牌提升有很大的帮助。港城驾校将继续秉承“关爱生命、传播文明”的宗旨，做好行业的领跑者。下一步还将以交通文明教育基地为纽带，积极拓展驾培行业服务链，实现“学车、买车、修车、用车、换车”的一站式、全方位服务，为构建和谐、平安、文明、便捷的交通环境做出不懈努力。

简介

蒋源，企业培训技师，现任分校副经理。

苏州市阳光易驾投资管理有限公司坐落于张家港市，成立于 1989 年，经营范围包括驾驶员初证培训、交通从业人员资格证培训、交通行业员工技能培训等。驾校现有 A1、A3、B2、C1、C2、C5 各类培训车辆 331 台，其中用于阳光 e 驾预约点单新模式培训车辆 226 台。下辖机驾人员培训中心（传统模式）、港城交通职业技术学校、阳光 e 驾云南圆智驾驶员培训有限公司，以及遍布张家港市区及中心乡镇的十余所阳光 e 驾新模式驾校。2011 年，阳光易驾管理团队创新模式，抢抓机遇，培育了全国驾培行业知名品牌——阳光 e 驾，被誉为“驾培时代的江苏范本”。驾校先后获得“全国文明诚信优质服务驾校”、“江苏省信誉 AAA 驾校”等殊荣；驾校原创的“阳光 e 驾”服务品牌被评为“江苏省交通行业十大优质服务品牌”。

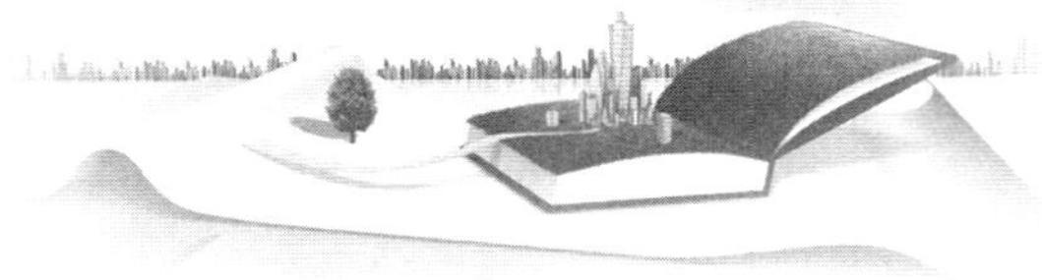

湖州鹿山驾校营销管理刍议

湖州鹿山机动车驾驶培训有限公司　杨俊毅　赵晓勇　费俊力

[**摘要**]　伴随着互联网+时代的到来，我国驾培行业正发生深刻的变化，市场的发展方向从外延数量转变到内涵增长。湖州鹿山驾校已经关注到这一点，正在奋力开拓，从营销管理方式着手，寻找新的市场机会。本文通过对湖州鹿山驾校营销管理的研究，找到优势与劣势，并提出具体措施。希望起到以点带面的作用，为驾培行业发展提供一点参考。

据公安部交管局统计，截至2015年底，全国机动车保有量达2.79亿辆，其中汽车1.72亿辆；机动车驾驶人3.27亿人，其中汽车驾驶人超过2.8亿人。随着汽车产业的发展，购买汽车日益普及，群众的学驾热情也空前高涨。汽车驾驶也正在从一种职业技能向一种生存技能过渡。新的《机动车驾驶证申领和使用规定》(公安部139号令)已于2016年4月1日正式实施。公安部139号令进一步突出便民措施，方便群众办理驾驶证；同时提升了驾校全方位、个性化服务学员的意识。面对这一利好，驾培行业如何在市场环境下，得到更长足的发展，笔者认为营销管理是关键。特别是伴随着"互联网+"时代的到来，我国驾培行业正发生深刻的变化，市场的发展方向从外延数量转变到内涵增长。全文通过对湖州鹿山驾校营销管理的研究，找到优势与劣势，并提出具体措施。希望起到以点带面的作用，为驾培行业发展提供一点参考。

一、湖州鹿山驾校发展现状

湖州鹿山驾校原名湖州长运驾校，前身为创建于1958年的嘉兴地区司训班，1974年改名为浙江省汽车驾驶技工学院嘉兴分校、湖州分校。学校鲜明的办学特色和突出的办学成绩得到了中国道路运输协会等有关部门和社会各界的广泛关注和赞誉，荣获了全国“文明诚信优质服务驾校”、省“十佳驾校”、“2006年全省道路运输诚信企业”、省“文明示范驾校”、市“文明示范驾培机构”、市“价格诚信企业”、“最受老百姓欢迎的驾校”、“湖州市十佳驾培机构”。驾驶人年培训量7000人左右。

学校占地总面积300亩，现有主训场一个，分训场三个，训练场地总面积190000平方米，教学用房3000平方米。校园景色秀丽、环境优美、宜教宜学。实行报名、培训、考试、拿证一条龙服务，考试合格当日取证。驾校为学员提供了优质和快捷的服务，营造了精彩纷呈的驾驶新生活。湖州鹿山驾校由于起点高，规模大，办学条件优越，训练场地规范，设施先进，功能完善，并始终坚持把向社会输送合格的驾驶人才作为工作的唯一标准，从而赢得了社会和广大学员的认可，成为市民学车首选的品牌驾校。

二、湖州鹿山营销管理的优、劣势分析

1. 优势分析

（1）品牌优势。湖州鹿山驾校的服务宗旨是让每位学员都满意，开设了客、货、危从业资格继续教育培训和A1、A3、B1、B2、C1、C2、E、D等多种车型课程，并且制定出了不同的学车班次，方便学员学车。教练员带教过程实行廉政承诺，考试通过率在90%以上。经过多年的发展，湖州鹿山驾校得到了湖州乃至全国同行的认可，同时也得到了学员的认可，形成良好的口碑效益，树立了鹿山驾校品牌。

（2）师资优势。湖州鹿山驾校师资力量雄厚，其中：中、高级职称5人，技师职称36人，高级工职称15人，客货危从业考核员5名。

（3）管理优势。湖州鹿山驾校在摸索中建立健全了适应发展的管理体制，绩效考核、星级教练、星级员工的评定、驾校纪律督查等，体现了在管理方面的优越性。

（4）考场优势。湖州鹿山驾校是目前是湖州市唯一综合类一级资质的驾培学校，2016年1月更被公安部门确认为湖州市首家社会化大、中型车辆智能化考场（湖州鹿山考场），考试全部采用智能化方式，考试项目分为桩考、侧方停车、模拟高速公路、模拟隧道、模拟雨雾、模拟急弯山区道路等16个项目，可考车型包括A1、A3、B1、B2四种车型。

（5）文化优势。湖州鹿山驾校注重企业文化的建设，企业文化建设是驾校发展强大的内在驱动力量。驾校定期组织员工外出学习、办培训班、素质拓展等方式来不断提高企业整体素质，正是这种“创学习型组织、做知识型员工”的风气使企业文化得以巩固。

（6）学员管理优势。湖州鹿山驾校主张“让学员明白学车，明白消费”，所以为学员专门设计了驾校学员使用手册，手册里面的内容包括驾校情况、训练场地位置、微信公

众平台联系方式、教学课程、教学日志、教学科目、事故违章救援知识等。这其中教学日志是每个学员专属的,所以学员能在手册里知道自己训练的不足,并加以改进。这也是别的驾校所没有的独特优势。

2. 劣势分析

(1)执行力不够。在执行力方面员工做得有些欠缺,往往领导制定的制度、方针政策落实起来都会变形,比如:存在廉政措施不足、关系约考等现象,反映出驾校员工执行力存在薄弱环节。

(2)全方位服务意识需要转变。由于鹿山驾校是传统型企业,是由以前国有企业改制而来,在管理的观念上比较传统,在适应市场方面灵活性没其他新型企业好,在观念上需要加强转变。

(3)部门沟通协调不畅通。各部门会出现政策和信息传达不到位,信息阻塞、中断,对职工和学员造成不良影响。

(4)价格及其他方面。湖州鹿山驾校价格比其他驾校高,学员付出与所得有时候不能成正比;培训地点唯一,覆盖面积太小;招生体制有时会导致招生指标发生冲突;招生过于依赖员工,广告投入太少等。

三、提升湖州鹿山驾校营销管理的措施

1. 加强广告宣传力度

(1)强化网络地位。一方面通过加大搜索引擎推广,官方网站在“百度”等搜索引擎排名第一,以便想了解鹿山驾校的学员能立马搜索到。另一方面加强各大网络论坛的推广,在企业和政府的论坛进行交流,并发放一些有关鹿山驾校的软文。

(2)运用微信公众平台。通过微信公众平台展开微信营销,很具经济效益,省钱,省力。而且微信可以实现学员与鹿山驾校的实时互动联系、咨询。

(3)加大媒体广告的力度。增加在报纸、电视台、电台的广告投放力度,形成鹿山驾校品牌宣传优势。

(4)加大学生群体宣传。加强对学生群体的宣传,特别是直观宣传,派营销人员深入校园演讲、发宣传资料等,以点代面形成良好宣传口碑。

2. 强化营销管理的执行力

强化营销执行力,就是把驾校制定的营销战略、营销计划、营销方案与营销细节完整执行,就是准时、按标准、以最优的方法完成既定的目标或任务。强化与提升营销执行力要做到如下几点:

(1)塑造学习型的驾校营销团队。学习型的营销团队中的每个招生人员都具有极强的责任心、进取心,自觉地把驾校利益放在首位。能坦然面对营销工作中的困难,具有超

强的创造力和战斗力;积极上进,团队成员之间沟通顺畅,善于发现团队成员的优点,加以吸收。

(2)要先强化管理人员的执行力。管理人员要通过自我修炼、自我约束以及驾校和营销部门规章制度,来自上而下提升执行力。

(3)营销方案清晰并指导营销人员。驾校要把每月的计划、招生人数、分配方案制定得更详细、量化,更方便让营销人员去执行。提升下属的执行力,通过规章制度的形式,对营销人员提供开发能力方面的支持和指导,提升营销技巧和相关能力,通过倡导"比、学、帮、赶、超",促使人员达标,激发和调动大家认真执行,完整达标。

(4)加强督导和检查。营销指标数要执行得力,管理人员就一定要善于检查和督导。把督导和检查形成一种制度,借此能够起到威慑作用,打消一些偷懒营销人员的念头或者想法。

(5)适当的激励回报,严格执行奖罚是提升销售人员执行力的催化剂。对营销人员的工作。执行评估得当,奖惩机制将是一个最有力的激励杠杆,它是提升销售人员执行力的一个有效的催化剂,它还能起到价值导向的功能,并将团队的优秀价值观和核心理念加以强化。

3. 以人为本,实施个性化服务

针对性的细化市场,并针对每一个市场提供一种服务和制定一个营销组合。如针对当前中国已经进入老龄化社会,鹿山驾校可以根据老年人学车的特点,设计老年特色班;针对要求快速拿驾照的人,设计快速特训班;针对残疾人,设计残疾人特色班;还可根据客户需求,设计不同的服务需求,满足不同人群的学车梦,并传授安全驾驶的知识。

4. 引进 VR 模式,开启体验驾校营销新常态

虚拟现实技术(VR)是一种可以创建和体验虚拟世界的计算机仿真系统。它利用计算机生成一种模拟环境,是一种多源信息融合的交互式的三维动态视景和实体行为的系统仿真,VR 技术可以使用户沉浸到该环境中。鹿山驾校改变传统的直接到店报名方式,建议采取"电商 + VR + 付费"新模式。即开设一个类似汽车游戏平台,学员只需要注册账号进去,就能先通过 3D 眼镜体验驾校里的驾驶的感觉,在报名前就了解驾校将要学习的课程,同时立体感的画面能激起学员的兴趣,体验过后直接网上报名缴费,然后再约定时间培训。

5. 校校合作,为周边高校开设驾校课程

鹿山驾校周边现有湖州师范学院、湖州职业技术学院等在内的多所高校,既有全日制高校,也有自考办学点,驾校与周边高校展开合作,为他们学生开设驾校课程,如计算机、英语一样,成为他们应试技能。通过这种形式进一步提高驾校的营销覆盖面。

四、结束语

本人认为,在强化营销管理的同时,可不断进行鹿山驾校品牌标准化复制,形成驾校完整的连锁体系,可通过新建或对优良驾校兼并重组,形成占据当地市场份额的50%以上的规模,再向浙江省的别的县、市,乃至向外省复制扩张,形成全国驾校第一品牌,在同行业中竞争上市。

简介

杨俊毅,现任湖州鹿山机动车驾驶培训有限公司车队队长
赵晓勇,现任湖州鹿山机动车驾驶培训有限公司校长
费俊力,现任湖州鹿山机动车驾驶培训有限公司校长助理

湖州鹿山驾校原名湖州长运驾校,前身为创建于1958年的嘉兴地区司训班,1974年改名为浙江省汽车驾驶技工学院嘉兴分校、湖州分校。目前是湖州市唯一综合类一级资质的驾培学校,2016年1月被公安部门确认为湖州市首家社会化大、中型车辆智能化考场(湖州鹿山考场),考试全部采用智能化方式,考试项目分为桩考、侧方停车、模拟高速公路、模拟隧道、模拟雨雾、模拟急弯山区道路等16个项目,可考车型包括A1、A3、B1、B2四种车型。

学校占地总面积300亩,现有主训场一个,分训场三个,训练场地总面积190000平方米,教学用房3000平方米。学校具有客、货、危从业资格职业培训和A1、A3、B1、B2、C1、C2、E、D等多种车型驾驶人培训能力,驾驶人年培训量8000人左右。学校各类管理制度齐全,教学设施设备完备,形成了规范的管理体系。近年来驾校大力开展以优质服务为主题的系列活动,赢得了社会各界的一致好评。

2005年——2012年省"十佳驾校"
2006年"2006年全省道路运输诚信企业"
2008年全国"文明诚信优质服务驾校"
2012年市"价格诚信企业","最受老百姓欢迎的驾校""湖州市十佳驾培机构"
2013年省"文明示范驾校"
2014年市"文明示范驾培机构"
2015年省"文明示范驾校"

献言驾培　共享发展

重庆景通驾驶培训有限公司　陈　龙

在二十多年的发展历程中，景通驾校在抓好企业经济效益的同时，通过大胆探索和创新管理模式，把“创新、变革、发展”作为核心工作融于培训、经营、管理的各个环节，也吸收很多世界上先进的理念和做法，用这些行之有效的经验和做法来统领全司，全面贯彻和实施“以人为本”的管理思想，努力培育和构建具有“景通”特色的企业文化，使企业在安全生产、规范教学、教练员队伍建设、优质服务、精神文化建设等方面均取得历史性跨越。景通驾校自1993年成立之初到现在，始终贯彻“优质服务、廉政教学、规范管理、服务社会”的办学宗旨，以“诚信服务、全程关怀”为服务理念，肩负着重庆市几千万人民的学车重任，为社会输送了大量驾驶人员。经过近二十年来的不懈努力，景通驾校在重庆市驾培行业已具有很高的知名度和影响力，成为重庆市的品牌驾校之一。

本文主要阐述我校在创新、变革、发展的道路上的一些经验和办法，在此与大家分享与商讨，推动机动车驾驶培训事业的健康发展，共同携手走向驾培事业的美好未来。

一、坚持创建“创新、变革、发展”核心价值观，建立企业核心价值体系

景通驾校高度重视“创新、变革、发展”的核心价值观的建设，将实施与时俱进的创新变革作为推进企业发展的“三大法宝”之一。作为重庆市最早开展企业核心价值观建设的驾驶培训企业，景通驾校的企业建设已经走过近二十年的历程，主要经历了上世纪九十年代的培育成长、21世纪的不断完善和进入新世纪后的成熟运用三个阶段，并呈现出三大显著特征：起步早、起点高，与时俱进、不断创新；基本形成围绕“创新、变革、发展”企业核心价值观相应的管理模式；深入贯彻落实科学发展观，加强交通运输行业核心价值观建设，建立交通运输行业核心价值体系。

1. 要践行企业核心价值体系,推进核心价值体系建设

自景通驾校建立至今,公司一直组织力量对企业核心价值体系进行了研究,提出了以“创新、变革、发展”为主要内容的企业核心价值体系。企业核心价值体系也是交通运输事业发展的重要基础工程,内涵丰富、意蕴深厚,形成有机的整体。其中,“创新”是企业核心价值体系的统领,解决的是服务方向和肩负责任的问题,是企业核心价值体系的基础,解决的是交通运输企业原动力的问题;“变革”是企业核心价值体系的主题,解决的是价值取向和奋斗目标的问题;“发展”是企业核心价值体系的精髓,解决的是企业内部动力和源泉的问题;

2. 成立企业“变革、创新、发展”专职机构,拨付专款,建设企业战略框架和发展纲要

公司成立之初就成立了企业“变革、创新”的建设领导小组和工作办公室,公司一把手亲自任组长抓企业“变革、创新”建设工作,并且配备了专职、兼职的企业工作人员负责企业核心价值体系的建设工作,并设立专用账户,专款专用。在驾校领导的直接领导下,多年来,建设领导小组和工作人员付出了大量的努力,也使公司企业核心价值建设工作取得了实实在在的成绩,效果卓著。

根据企业核心价值体系的纲要和规划,形成一套完整的企业核心价值体系实施和保障机制,从组建专职人员的构建,到企业战略目标建立、企业战略的传播、企业发展运行和考核,再到企业创新、变革的保障,形成一套完整的体系,来保证与落实企业核心价值体系的实施。

3. 坚持把学习实践科学发展观作为企业核心价值建设的首要任务,促进观念转变和思路创新

多年来,景通驾校通过广泛深入开展学习实践科学发展观活动,贯彻落实科学发展观的自觉性和坚定性,不断增强主动作为、破解难题、统筹协调、科学发展的能力普遍提高。驾培行业是一个传统的服务行业,景通驾校在传承过去好经验、好做法的基础上,对自己提出了更高的要求,提出要努力做好“事前、事中、事后三个服务”、大力发展现代驾驶培训业、加快由传统产业向现代驾驶培训行业的转变、坚持“诚信服务、全程关怀”等一系列先进办学理念。

2015 年以来,按照主管部门的部署和要求,规范机动车驾驶培训机构的经营行为,提升服务水平,充分保障学员学驾的自主选择权、监督权,景通驾校率先在重庆市推出了“先学后付”的学车模式,此次推出的驾培新模式,完全颠覆了传统驾培模式。这种先进的教学模式,完全由学员自主选择教练,自主安排训练时间,一人一车,采用刷卡计时的培训模式,为了方便学员预约培训,驾校为学员提供电话、网络等多种预约培训的方式,学员可通过互联网、手机 APP 等方式自主预约培训时段、选择教练员。为学员提供多元化学习方式,落实计时培训的基础上,提供多种培训服务方式供学员自主选择。学员可自主选择增加培训学时和内容,满足个性化、差异化学驾需求。学员可以自由选择付费

方式，改变机动车驾驶培训一次性预收全部培训费用的单一模式，实行按学时收费、先学车后付费的收费模式，同时为学员提供现金、银行卡和网上支付等多种支付方式，方便学员选择学车付费方式及途径，让学员明明白白消费。畅通学员监督和评价渠道，畅通电话、网络等投诉渠道，建立以学员为主的教学服务质量监督评价体系，让学员真正参与到驾驶培训监督管理过程中来，从根本上促进驾驶培训服务质量的提升。

为了加强对教练服务态度的监督，景通驾校投入巨资，聘请重庆市在驾培行业有丰富经验的软件公司，为驾训公司量身定制开发了一套行之有效的学员预约、考核、内部管理的软件，用于日常教学、培训、考核和内部核算，当天的学时结束后，学员马上可以对教练做出评价，让学员享有监督权。同时，驾训公司可以时时对教学数据进行监督和管控，为经营管理提供充分的数据支撑，进一步增强了景通驾校的核心竞争力。景通驾校推行的“先学后付”学车模式，也得到了重庆市交委、重庆市道路运输管理局等职能主管部门的大力支持，多次到我校来视察和指导工作，提出宝贵的建议，让我们深深地体会到政府部门的支持和帮助。

二、搭建先进人性化管理平台，促进员工全面发展

景通集团公司是一家服务性的综合密集型企业，提高员工的综合素质，重视员工的全面发展，是景通集团公司的必然要求，集团和景通驾校领导始终把促进员工全面发展作为日常工作的重要任务，在实施品牌化战略中，积极为员工搭建各种平台，在驾校领导指引下，积极发挥应有的作用，带领驾校员工搭建各种管理平台，促进企业健康全面发展。

1. 搭建人文管理平台，增强企业服务水平

在实施企业核心价值观发展战略中，集团公司和景通驾校始终把企业理念、战略发展目标、阶段性目标与完成当前的驾驶培训工作紧密联系起来，广泛持续开展员工精神文明创建活动，企业管理活动内涵不断丰富。在景通驾训公司的管理中，广泛开展规范服务行为、文明执教创建活动。出台《教练员行为规范》、《员工守则》、《教练员诚信管理办法》、《客户管理制度》等多个规范，来进一步完善和提高企业的服务能力。并在企业内部组织开展了“文明礼仪伴我行”、“我为安全出行保驾护航”等主题实践活动，引导招生窗口创新服务方式、拓展服务领域，涌现出“微笑服务、温馨培训”等一批管理科学、服务规范、形象良好的优质服务窗口和教练队伍。

2. 营造人人争先的氛围，搭建员工建功管理平台

在追求快速发展的同时，景通驾训公司秉承“以人为本”的人才理念，积极为员人提供施展才华、实现人生价值的平台，培养出许多优秀个人和先进集体，被重庆市相关部门领导在大会上通报表扬和宣传。“奖啥不如奖教育”也成为景通人的共识。在 2011 年景

通驾训公司的驾驶技能比赛中，有100多位教练员参赛，30多位参加决赛，分别取得了良好的名次，获得了各种奖励。还派出优秀员工代表重庆市参加“宇通杯”全国技能比赛，并获得好的成绩。

3.搭建学习培训管理平台，积极向学习型企业迈进

景通驾校大力加强学习型组织建设，每年不惜重金投入员工的教育培训，引导学员学习科学文化，提高工作技能，帮助员工设计规划职业生涯。驾校领导经常提到的就是“打造学习型管理团队是企业核心价值体系建设的核心任务”，驾校每年都聘请专业的培训团队，为企业的管理员工进行培训，提升管理人员的管理水平。

2015年全年，景通驾校共组织培训19项，共有176人次参加了培训，培训总学时超过3189小时，人均培训学时达到了18小时。公司坚持“工作学习化，学习工作化”的理念，努力使学习成为一种常态。通过各种途径、方式，注重人才培养，促进社会进步发展。景通驾校也在员工中大力开展技术比武竞赛，鼓励员工参加全国和省市各种技能大赛。对大赛中的优秀者，不仅进行大力宣传，还给予经济奖偿、工资晋升、晋级等奖励，极大地调动了员工学技术、练本领的积极性。

4.搭建文化娱乐管理平台，陶冶员工的情操

景通驾校在企业创新中，与精神文明建设活动紧密结合，不断设计新载体，努力营造健康向上的企业氛围，让员工时时受到先进企业文化的熏陶。如：每年进行一次唱红歌活动，进行爱国主义教育；配合重庆市公安局车辆管理所举办新学员的毕业宣誓仪式，向学员宣传文明驾驶，争做交通前线文明人的思想。每个月对过生日的员工，带去生日的慰问，带去企业对员工的一片深情；新春举办大型文艺汇演，陶冶员工的思想情操，增强企业的凝聚力和向心力。

三、积极投身社会公益事业，回馈人民和社会

景通驾校成立至今，始终积极履行社会责任以此回报社会，积极投身于社会公益事业，在社会公益事业建设等方面尽职尽责，致力于构建和谐的社会环境。公司在追求自身发展的同时，时刻念念不忘的是能为当地百姓多做点什么好事实事。驾校在得知四川汶川地震灾区、青海玉树地震灾区、湖南雪灾等自然灾害后，在公司内发出为灾区群众进行捐献的倡议，组织员工积极募捐，通过红十字会向灾区捐款捐物，发扬中华民族互帮互助的传统美德，用自己的力量为灾区人民送去温暖，也带去了全体员工对他们的关怀和慰问。截至2015年，景通驾校进行社会公益活动的捐款捐物已累计逾十万元，实现了自身的社会责任。

积极响应政府的号召，在相关职能部门的支持和帮助下，景通驾校推出的为残疾人服务的C5机动车驾驶培训项目，驾校投入资金上百万，购置专为残疾人设计和改装的专

业教学车辆，对培训场地进行“人性化”改造，安装残疾人专用马桶、无障碍学员休息室和带空调的寝室，并在休息大厅提供茶水，摆放免费小食品，开办学员食堂，以满足残疾人学车的需求，为他们学车提供方便。在学车过程，更体现了景通驾校“诚信服务全程关怀”的企业理念，对不方便上下车的残疾学员采取专人接送，教练员发挥吃苦耐劳的精神，抱上抱下学员。为保障残疾人享受平等的驾车权利，方便他们学车考试，景通驾校与车管所进行协商，为残疾人学员开通了“绿色通道”，对 C5 残疾人学员的预约考试优先安排，并对 C5 残疾人考试采取上门服务的特殊待遇，极大地方便了 C5 残疾人学员的学车考试问题。

2016 年，根据《机动车驾驶证申领和使用规定》（公安部 139 号令），残疾人学车申领进行了重新定义，进一步明确了残疾人学车的范围和身体条件，驾训公司为配合公安部 139 号令的出台，启动专项应急资金，对原有用于 C5 教学的教学车辆进行了升级和改装，对教练员进行重新地培训和上岗学习，再购置两台新教练车以解决新的 C5 学员的需求。驾校自 2013 年开设 C5 残疾人班以来，对每位报名的残疾人学员补贴一定的学车费用（每位学员 500 元/人），已为近 500 名残疾人支付了二十几万元的学费，极大地支持他们的学车热情，圆了他们驾车的梦，深受残疾人朋友的爱戴，也做出了景通人应有的社会贡献。

在企业核心价值观的影响下，近年来，景通驾训公司的凝聚力、向心力、战斗力得到了显著增强，知名度、美誉度和社会影响力得到大幅提升，生产经营屡创佳绩，硕果累累，得到社会的尊重。公司成立至今，得到了广大人民群众和相关部门的认可，获得了许多荣誉。被中国道路运输协会授予“全国文明诚信优质服务驾校”称号；被重庆市道路运输管理局授予“一类资质驾校”、“五星驾校”的称号；重庆市工商局渝北工商所颁发的“守合同重信用单位”；被重庆市交通委员会授予“文明汽车驾校”；被重庆时报多年来一直推选为“诚信品牌驾校”。

当前，景通驾校正着力于企业创新、变革、发展的攻坚工作，以振兴驾培行业为己任，以推动企业永续发展为出发点和落脚点，牢牢地把握企业发展方向，把企业核心价值观深深烙铸在企业的凝聚力、创造力、生命力之中，在新一轮发展中阔步前进，向打造具有重庆市最大驾培企业和优秀单位激情迈进。

简介

陈龙，大专学历，国家级汽车驾驶高级驾驶员，中国汽车运动联合会裁判员，现任重庆景通驾驶培训有限公司校长。

重庆景通驾驶培训有限公司（简称：景通驾校）成立于 1993 年，是重庆市最早批准的一类资质驾校，自驾校成立之初到现在，始终贯彻“优质服务、廉政教学、规范管理、服务社会”的办学宗旨，以“诚信服务、全程关怀”为服务理念，肩负着重庆市几千万人民的学车重任，为社会输送了近二十万驾驶人员。经过近二十年来的不懈努力，不断加强和完善自身管理，提高服务质量，在重庆市驾培行业已具有很高的知名度和影响力，成为重庆市的品牌驾校之一。

当前，景通驾校正着力于企业创新、变革、发展的攻坚工作，把企业核心价值观深深烙铸在企业的凝聚力、创造力、生命力之中，向打造具有重庆市最大驾培企业和优秀单位激情迈进。

畅谈改革

驾培行业改革发展趋势展望

河北省驾培协会会长　王传伦

当前，驾培业步入改革与发展的关键时期。培训考试改革大潮正起，结构调整不断深化，培训服务创新风生水起，市场主体活力迸发。在驾培业运行出现一系列积极变化的同时，我们也要看到前进中的困难和挑战。我国经济下行，“学车热”开始降温。驾培市场全面放开，产能过剩危机四伏，恶性竞争日趋激烈，自学直考挑战严峻。面对各种风险考验，许多校长心态不稳，对政策变化充满焦虑，对市场前景信心不足。为此，我们要科学分析和把握行业发展走向，看大局，谋大势，保持战略定力，主动适应改革发展的新形势。经过深入调查，驾培业改革发展趋势有八大新特征：

一、驾培需求进入中高速增长的新常态

2005 年至 2014 年，驾培市场经历了十年高速增长期。2015 年，随着我国经济下行，驾培市场进入中高速增长的新常态。预计未来十年，驾驶人仍将以每年两千多万的速度增长。这一预测有“三大支撑”：

1. 中国经济持续增长支撑

去年，我国经济增速为 6.9%，仍为世界平均增速的 2.3 倍。未来十年我国经济仍将保持中高速增长。党的十八大报告提出，国内生产总值和城乡居民收入 2020 年要比 2010 年翻一番。实现两个翻一番的目标，2016 年至 2020 年经济年增长底线是 6.5% 以上。国内生产总值和城乡居民收入“双倍增”，为驾培消费增长提供了根本保障。

2. 新型城镇化支撑

我国城镇化率为 56.1%，而户籍人口只有 36%，7.7 亿城镇常住人口中有 2.5 亿没有在城镇落户。启动城镇户籍制度改革，到 2020 年，户籍人口城镇化率将达到 45% 左

右，并努力实现1亿左右农民工和其他常住人口在城镇落户，引导1亿农业人口就近城镇化。过去十年间，城镇化率每提高1个百分点，平均拉动消费增长1.8个百分点。从驾培消费需求看，我省城市驾培需求生源量要比乡村生源量高出2至3倍。未来五年，2亿农民转为城镇居民，势必拉动驾培生源大幅增长。

3. 汽车产销增量支撑

2015年，我国汽车产销再创新高，双双突破2450万辆。据专家分析，汽车市场增长速度由中高速转低速的转折点，应为总保有量4亿辆左右。目前，民用汽车保有量约为1.5亿辆。以平均年增长2500万辆计算，还有十年的增长空间。一台车配备一个驾驶人，每年还会新增2500万人培训量。汽车消费与驾培消费同频共振，为驾培经济增长提供强劲动力。

综上所述，国民生产总值、户籍人口城镇化率、汽车产销量增长三大趋势性因素，有力支撑驾培消费持续增长和驾培业可持续发展。

二、去产能重建行业新格局

驾培业最突出、最主要的矛盾是供求失衡，产能严重过剩。全国约有15000所驾校，80万辆教练车。培训能力约为6400万人，而年培训需求仅2000余万，供大于求近三倍。产能过剩引发恶性竞争。价格战烽烟四起，学时造假时有发生，乱承包、乱靠挂、乱设培训点泛滥成灾，导致“四降一升”，即驾校招生量下降、培训价格下降、培训质量下降、驾校盈利率下降、经营风险发生概率上升。产能过剩是行业发展的最大危机。去产能是今后一个时期艰巨而复杂的任务。去产能的唯一途径是充分竞争。市场竞争加剧，直逼行业走势分化。驾培市场已经出现两极分化，可谓几家欢乐几家愁。一边是不少驾校招生量一路回落，从盈利到持平直至亏损，我省部分地市驾校亏损面已达60%以上；一边是有考场的品牌驾校借助训考一体优势和品牌优势，招生量逆势上扬，盈利颇丰。走势分化，本质上是结构调整正逐步分化。分化调整，有两种走向：第一种走向，加快形成有进有退、优胜劣汰的市场机制。驾校在去产能的过程中，将经历一个“阵痛期”。度过这个时期将是凤凰涅槃。劣质驾校死不了，优质驾校好不了。宁可伤筋动骨，也要脱胎换骨。可以预见，在新一轮激烈竞争中，那些靠政策保护，故步自封，经受不住改革阵痛的驾校逐步被淘汰；那些经营不善，连续亏损的驾校会自动离开市场；那些培训能力严重过剩的地区，估计有一半驾校在残酷的竞争中败走麦城。相反，勇于改革、转型的驾校将占领市场制高点；“训考一体化”的驾校也将发挥比较优势，抢占更多的市场份额；品牌驾校更能百尺竿头，更进一步。第二种走向，分化调整加速推进兼并重组。规模大、品位高的驾校将引领并购潮。在驾培经济增长乏力的情况下，一些大品牌驾校通过内生性增长很难提高收益，转而以并购的形式扩展自身市场份额，达到减少竞争，维护赢利的目的。相当一部分驾校经营不下去,会廉价出让。而大品牌驾校必然抓住这一商机,以低成本并购,扩大市场占有率。并购重组有利于加快优势资源扩张,扩大品牌覆盖率,打造行业升级版。通过兼并、重组、联合上市等方式,促进规模化、品牌化、网络化经营,形成一批主导驾培业发展的大型驾培集团。河北利安集团依托品牌效应并购9所驾校,北京东方时尚驾校率先上市,集中代表了行业发展方向。预计未来3年,驾培市场并购数量将呈上升趋势。

三、个性化、差异化服务引领驾驶人培训新潮流

“千人一面”的培训模式已经过时,个性化、多样化渐成学车消费主流。这就要求驾校深入进行市场细分。

(1)细分培训样式。在培训学时、价格、时段、教学模式、服务方式和教练员品级等诸多方面,提供菜单式、多样化服务,让学员自主选择。

(2)细分培训服务层次。我国人均GDP已突破7000美元大关,进入中等收入国家行列,形成了一大批有较强购买力的群体,对消费品质的需求上升。苹果手机那么贵仍然热销,国人跑到日本猛购高档马桶盖,生动的说明消费者更看重产品的质量、品牌、美誉度。廊坊霸州驾校培训分三个等级收费,学员选择中、高档培训价格的占到70%以上。这就告诉我们,要创造有效供给,满足高、中、低的多层次学车消费。让学员花不同的钱,买到不同品质的服务,从广度和深度上激发学车需求。

(3)细分收费方式。目前驾培市场大体上有三种收费方式:“先付后学”、“先学后付”、学车少付或不付钱,由购车厂家、保险或投资公司买单。我认为,第一种“先付后学”是传统收费方式;第二种“先学后付”可以尝试,但需要很强的管理素质和诚信品质保证;第三种付费方式需要大胆创新。

四、“松绑”释放市场主体新活力

划清政府与市场的边界,把培训经营自主权还给驾校。两部贯彻改革意见的通知明确驾校有六大自主权。即:自主招生、自主定价、自主计时培训、自主制发结业证、自主决定增减教练车、自主确定教练车维护周期和项目。取消了教练车强制二级维护。去年,我们同山西协会多次向交通运输部建议取消教练车二级维护。提出教练车属于教学用具,不应当参照营运车辆执行强制维护制度。交通运输部采纳并写入贯彻培训考试改革意见的通知。我算了一笔账:教练车二级维护一次200元,全行业80万台教练车,年均维护2次,取消后节约成本3.2亿元。更值得点赞的有“三大改革亮点”,破解了长期困扰驾校和学员的“三难”问题:利用社会资源办考场,提高考试服务能力,破解人民群众“考证难”;实行驾驶证异地申领和审验,试点跨机构分科目培训,破解流动人口“学车难”;推

行自主约考,破解驾考腐败“治理难”。驾校要抓住改革带来的新机遇,把改革红利化为企业效益。如,抓住“松绑”的新机遇,根据市场变化自主调整培训能力和经营方式,降成本增效益。抓住开放办考的新机遇,降积压,缩短培训周期。建考场,拉动生源,获取政府购买服务和学员考前练习的双重利润。抓住取消异地考试指标限制和跨机构分科目培训的新机遇,发掘异地常住人口潜在生源,扩展跨区域交互培训。抓住自主约考,减负清扰的新机遇,把主要精力放在培训经营上,做好自己的事,让质量信誉为驾校形象说话。

五、素质教育迈入新阶段

这次改革突出素质教育,源头把关。从培训管理、考试管理和培考衔接三个方面提升驾驶人素质。在培训质量监管方面,主要是“六个强化”。一是强化驾校责任,严格违规培训责任追究。二是强化培训过程动态监管,建设和使用全国统一标准的计时培训管理系统。建立和完善省、市、县监管平台。三是强化交通安全意识和文明驾驶理念的培训,突出实际道路驾驶能力的培养。四是强化大型客货车驾驶人专业化培训,采用院校培训和培训基地集中培训相结合的方式,提高大型客货车驾驶人专业化水平。五是强化教练员管理,保证教学质量。六是强化市场治理,重点整治非法培训、乱设培训点、乱收费、跨区域培训、教练员“吃拿卡要”等违规行为,维护市场秩序。在考试管理方面,主要是“四严”:一是严格执行考试评判规定。按规定的考试内容、程序、标准考试,保证质量。二是严格考试组织。由计算机随机选择考试员、考试分组、考试路线,实现考试员和考生信息、驾校信息之间相互屏蔽。防止人为干涉。三是严格考试监督问责,使用全国统一的考试评判系统,考试过程使用执法记录仪全程监控。四是严格考试违规责任追究,对考官、考场和考试设备供应商组织或参与考试舞弊,依法追究责任。三是在培训考试衔接方面,实行培训和考试系统联网对接,实现培训信息系统电子化传输,相互制约。通过以上三个方面综合治理,为防止培训缩水、驾驶证注水、质量带水,筑起了一道道“防水坝”。

六、教练员素质提升进入“快车道”

行业发展,人才领先。培训考试改革把提升教练员素质摆到重要位置,高起点谋划,多点发力。一是推行教练员职业化教育。将教练员培养纳入国家职业教育体系,选择职业技术学院、高级技工学校开展教练员职业教育试点工作。鼓励驾校通过委托培训的形式,参与教练员职业教育。开展国家职业技能等级考评,推进教练员职业化。二是严格规范教练员职业行为,在教练员选择上,要选用教学能力强、安全文明素质高的驾驶人担任教练员,不得聘用交通违法满分记录、发生交通死亡责任事故、组织或参与考试舞弊、收受或索取学员财物的人员担任教练员。在日常管理上,制订培训教学服务规范,完善学员监督评价体系。坚持四个结合:严格管理与人性关怀相结合,职业道德教育与业务培训相结合,抓考试合格率与抓行风建设相结合,奖励先进与惩戒落后相结合,全面规范、约束教练员的教学行为。三是建立考核与退出机制。建立教练员“黑名单”制度和“星级评定”制度,设立教练员教学服务质量排行榜,向社会进行公示。严格教学活动监督管理,及时清退学员投诉多、培训质量和职业道德差的教练员。通过上述一系列措施,促进教练员队伍实现“五个转变”,即,从驾驶员向技能型教师转变;从“师傅”口传身教向规范化教学转变;从单纯挣钱养家到养家与育人并重转变;从临时工观念到把教练员当作长期职业转变;从行为不端、行风不正、负面舆论多到廉洁教学,学员满意,社会认可转变。驾校要实施人才战略,固本培元。努力做到“五句话”:进得来,既要引进人才,又要严把入口;上得去,不断提升教练员综合素质;用得活,建立激励机制,调动教练员积极性、创造性;管得严,树立“窗口”形象;留得住,保持教练员队伍稳定。

七、创新重塑行业发展新动力

展望未来,改革发展的时与势,市场竞争的艰与险,将我们推到了创新发展的风口浪尖。创新是走出困境的突破口,更是推动发展的新引擎。如何坚持创新驱动？一是打造创新高地,占领市场高端。上海荣安驾校在全国首创“先培训、后付费”模式。从经营理念、服务方式、质量管理上进行全面创新,实现了质量效益双增长。各驾校要学习借鉴荣安的创新品质和思维,加快推进管理创新、培训创新、服务创新。二是创造新优势,培育新动力。发挥驾校掌握学员信息、贴近学员的独特优势,围绕学员购车、用车、修车,通过集团购买降本增效,以“互联网 +”提升驾培业,打造智能驾培。实施网上报名、缴费、预约、教学、管理,提高培训服务效率。河北保定明城驾校提出,“一个驾驶证绑定学员一生”。拓展互联网驾培金融,切入学员及其家庭终身消费,实现学员和驾校双赢。河北利安驾校腾笼换鸟,在全国首创机器人教学,提质降本增效,考试合格率达到百分之百。这是一种先发优势。如果推广开来,必将引发培训教学重大变革,创造新供给,释放新需求,大大提高培训质量效益。三是把握分享经济的巨大商机。所谓分享经济,就是利用闲置资源,通过互联网平台进行分享,获取相应收入。比如,有人将私家车接入打车平台,兼职干起专车、顺风车。同样,驾校也可以拥抱分享经济,将过剩产能变废为宝。如果放开自学直考,驾校可以将训练场向社会开放,收取场地驾驶费用。将闲置教练车租赁出去,收取包租费。利用考试场,为自学人员提供科目二、三 适应性训练。利用闲置资金投融资理财。驾校要深入研究审视分享经济带来的机会,调整变革经营方式,盘活存量,增强活力。

八、“两条腿走路”凸显学车新趋势，驾校充当驾培市场主力军

改革意见提出试点小型汽车驾驶人自学直考，打破了驾校垄断培训市场的旧格局。在政策变动的关键时刻，我们要对自己的发展优势有清醒而客观的认识，坚信驾校是驾驶人培训的主阵地、主渠道。驾校培训与自学条件相比显然优越，培训更加系统规范。“学技术进驾校”已成为绝大多数人的思维定式。自学驾驶一无场地、二无规范教学的教练员，三无安全文明驾驶意识养成教育，很难培养出合格的驾驶人。只要坚持严格培训、严格管理、严格考试，驾校就能够凸显比较优势，发挥驾培主力军作用。公安部发布自学直考试点公告，允许利用小型汽车进行非经营性自学驾驶。严格限制学车专用标识，只允许签注一名自学人员、一名随车指导人员、一台改装合格的车辆，时限为 3 个月。随车指导人员一年最多只能培训 4 人，还是非盈利。改装车费用不少，场地驾驶需要到驾校缴费培训，道路驾驶违章扣分罚款，训、考车型不匹配难以通过考试，回头练车补考又得花钱，成本高、麻烦多，不赚钱，风险大，究竟有多少人愿意干这种傻事？可以断定，自学直考人数不会太多。实践也证明了这一推断。2009 年，我省推行自学直考，由于考生未经正规培训，考试合格率普遍只有 2% ~6% 。不少人连考七、八次通不过。考试部门不得不把学员分流到驾校进行再培训。学车和考试成本反而高于驾校培训收费。预期的低成本变成高成本，快领证变成慢领证。学车人陆续从直考窗口回归驾校。自学直考不到一年，不得不叫停。日本自学直考合格率只有 3% ，韩国是 5% 。韩国济州岛 5 所驾校，年培训 1 万多人，占全市生源量 90% 以上。凡此种种，都是巩固驾校培训主阵地的有利条件和可靠保证，也是我们坚定信心和勇气的强大动力。

当前驾培行业正处在分化调整、优化升级的关键阶段，处在招生下行、产能过剩、直考冲击的困难时期。驾校和教练车双增，招生和价格双降，显现出驾校经营之艰难。越是困难，我们越要保持从容镇定，具备“不畏浮云遮望眼”的魄力、“直挂云帆济沧海”的能力。我们对驾培行业充满信心。信心就是方向，信心就是力量。每年两千多万人的培训规模，满足人民群众需求的巨大培训能力，展示了广阔的发展前景。加快适应改革，创新培训服务，昭示着驾培行业的蓬勃活力。挖掘新的经济增长点，折射出需求市场的巨大潜力。日益生长的强劲动力和广袤市场，支撑着驾培人的信心。站在历史和未来的交汇点，驾培业踏上改革创新的新征程。

简介

王传伦，河北省机动车驾驶员培训行业协会会长。

河北省机动车驾驶员培训行业协会成立于2007年3月。现有驾校会员单位924所。协会成立九年来，积极发挥“自律、服务、代表”作用，有力地助推驾培业稳定健康发展。先后树立宣传优质驾培品牌一百多个；推介机器人教练等新设备、新技术四十多项；培训驾校经理人、教练员一万余名；发布市场信息一百余条；提供法规政策和业务咨询五十余次；举办驾培论坛和经验交流十多次；在新闻媒体发表行业发展和“热点”分析文章二十多篇；组织省内外交流及出国考察二十多次。去年，协会代表全行业，向交通运输部、公安部提出培训考试改革建议八十余条，为顶层设计献计献策，受到主管部门和会员代表一致好评。

影响未来驾培市场发展的四大因素

山东交通学院　刘俊利

根据有关部门统计,截至 2016 年 3 月底,全国机动车保有量达 2.83 亿辆,其中汽车 1.79 亿辆;机动车驾驶人达 3.35 亿人,其中汽车驾驶人 2.89 亿人。作为汽车发展的衍生业务——机动车驾驶人培训(本文简称"驾培"),发展到今天,的确也与汽车一起走过了持续平稳的同步发展增长期。但市场发展毕竟有其自然规律,不可能是一成不变的、一直持高不下的,总有趋缓或者下降的时候。本文结合当前驾培市场形势,探讨影响未来驾培市场发展的四大因素。

一、驾培法律定位就是市场化

对于市场的所有要素,市场化不是停留在口头上,要落实到行动上。否则,随着市场化的不断深入,终将被市场淘汰。

《中华人民共和国道路交通安全法》第二十条规定"机动车的驾驶培训实行社会化"。根据国务院法制办政法司编写的《中华人民共和国道路交通安全法释义》(人民交通出版社,2003 年 11 月,第 97 页),"机动车驾驶技能的培训,是一项提供驾驶知识和技能的社会服务,完全不具有行政管理职能"、"驾驶培训的社会化,实际上就是容许驾驶培训服务主体的多元化,其实质就是驾驶培训服务的市场化"。

《中华人民共和国道路交通安全法实施条例》第十九条规定"符合国务院公安部门规定的驾驶许可条件的人,可以向公安机关交通管理部门申请机动车驾驶证"。没有指明考取驾驶证(俗称"驾照")必须经过驾校培训。公安部在《机动车驾驶证申领和使用规定》中明确规定,只要有身份证、户口本以及《机动车驾驶人身体条件证明》等材料就可以报考驾照。尽管在《中华人民共和国道路交通安全法实施条例》第二十条提出"在道路上学习机动车驾驶技能应当使用教练车,在教练员随车指导下进行",但也没有标明"学习机动车驾驶技能必须进入机动车驾驶员培训机构"的字样或说法。由此可以推定,驾培业务不要奢望一直成为"铁饭碗",同时也可以衍生出以下两点:

1. 有需求才有市场

市场需求是指一定的顾客在一定的地区、一定的时间、一定的市场营销环境和一定的市场营销计划下对某种商品或服务意愿而且能够购买的数量。可见市场需求是消费者需求的总和。市场需求的构成要素有两个:一是消费者愿意购买,即有购买的欲望;二是消费者能够购买,即有支付能力,两者缺一不可。随着人们生活水平的提高,目前人们考驾照的需求似乎是"刚需",同时也不在乎学费,但是否进驾校学习就是另一码事了。当权衡不进驾校就能考取驾照的时候(如自学直考),进驾校学习机动车驾驶技能就没有存在的必要了。

尽管法律定位于驾培市场化,但目前驾培市场化程度还远远不够。主要表现在以下几个方面:

(1)某些地区仍然存在政府机关与驾培机构不能脱钩的情况,或者尽管形式上已脱钩,但实质上还存在千丝万缕的联系;

(2)驾培机构的独立企业法人制度没有完全形成;

(3)合法驾培机构下的非法挂靠培训点大量存在;

(4)以考场为载体、以应试为目的非法培训经济体不仅存在而且越演越烈;

(5)以互联网为载体的具有经营性驾培性质的组织和机构逐步形成;

(6)完全竞争的驾培市场概念还模糊,市场开放程度还不够或市场垄断行为还持续存在。

由此,我国部分地区也开始出现了所谓的"地区驾校联合经营共同体",培训费、招生人数大幅度下降直至临近崩盘的状态。

2. 有作用才有地位

按照法学观点,法的作用可以分为规范作用和社会作用。规范作用是从法是调整人们行为的社会规范这一角度提出来的,而社会作用是从法在社会生活中要实现一种目的的角度来认识的,两者之间的关系为:规范作用是手段,社会作用是目的。之所以设立公共安全机关,其重要职能在于维护国家公共安全的作用,即规范作用。培养安全意识,维护道路交通安全按说也是公共安全,但法律定位于市场化,意在社会作用。反之,有社会作用才有公共安全之定位。当驾培机构没有培养安全意识、维护道路交通公共安全社会作用时,其价值、定位自然亦不复存在。此时,驾培行业边缘化理所当然。

其实,2016 年 6 月 16 日在北京举办的首届《机动车驾驶人培训与道路交通安全国际论坛》也许就给出了"有作用才有地位"的答案:一是驾培的终极目标不在驾培而在交通安全。高峰论坛的外国专家来自英国、瑞典、美国、日本、韩国等。他们主旨演讲的核心都在道路交通安全。而我国许多所谓的高峰论坛,主旨演讲的核心大都在驾培本身,难见道路交通安全如何如何。二是驾培别指望创造巨额利润。因为驾培的核心就是区域培训和服务,这与马云的互联网、比尔盖茨的办公软件无法相提并论。三是细节决定一切。李克强总理在2016年5月23日考察东风商用车重卡新工厂时说,"'中国制造'的品质革命,要靠精益求精的工匠精神"。与此相反,驾培不仅没在安全上做足功课,即使在经济上做功课,也难有"工匠精神",也难做到"君子取财取之有道"。坐享其成、歪念百出(如违法挂靠母体驾培机构)者不计其数,很多人恨不得一夜暴富、天上突然掉下个大馅饼来。

二、驾培市场已到历史转折期

市场有其自然发展规律,这是不以人的意志为转移的。调整心态、适应市场、顺应发展才是驾培发展的唯一出路。

我国的驾培市场,不论是在20世纪八十年代的刚刚启蒙,还是在1993年后的驾考分离,还是在2004年道路交通安全法颁布后的依法市场管理,截至近几年,都是一种卖方市场时期。事实上,一个真正的完全竞争的市场,一般不会如此持高不下的。

1. 现有培训人群已逐渐靠近自然增长人群

2014年末,中国大陆总人口136782万人,比上年末增加710万人。全年出生人口1687万人,人口出生率为12.37‰。截至2014年年底,中国机动车保有量达2.64亿辆,其中汽车1.54亿辆;中国小型载客汽车达1.17亿辆,其中私家车达1.05亿辆,占90.16%,与2013年相比增长19.89%。全国平均每百户家庭拥有25辆私家车,其中北京每百户家庭拥有63辆,广州、成都等大城市每百户家庭拥有超过40辆。

统计数字显示,近五年机动车年均增量1500多万辆;机动车驾驶人数量也呈现大幅增长趋势,年均增量2057万人。截至2015年年底,中国机动车驾驶人数突破3亿人,其中汽车驾驶人超过2.46亿人,占驾驶人总量的81.62%。从驾驶人驾龄看,驾龄不满1年的驾驶人2967万人,占9.82%。从性别构成看,男性驾驶人2.3亿人,占76.52%;女性驾驶人7092万人,占23.48%,与2013年相比提高1.72个百分点。

根据2015年5月在威海、青岛两地的调查,见下表,学习驾驶技能的人员均集中在申报驾照最低年龄段的人群。其他年龄段没有考取驾照的人已经很少。部分城市和部分农村,已由家家有车(驾照)到人人有车(驾照)。

各年龄段学员比例调查表

地区	人数(人)	年龄分段(岁)			
		18~27	28~37	38~48	48以上
威海	1473	67%	23%	8%	2%
青岛	3100	67.84%	23.08%	7.48%	1.58%

2. 交通拥堵

交通拥堵指数又称交通运行指数(Traffic Performance Index,简称TPI)),是北京市首创的综合反映道路网畅通或拥堵的概念性数值,简称交通指数。交通指数取值范围为0至10,每2个数一等级,分别对应“畅通”、“基本畅通”、“轻度拥堵”、“中度拥堵”、“严重拥堵”五个级别,数值越高,表明交通拥堵状况越严重。

高德地图2015年4月发布的《2015年度中国主要城市交通分析报告》显示,北京重回全国城市拥堵排名第一位,上海位列第二,山东济南紧随其后。据2015年第一季度中国主要城市拥堵排名前十的榜单显示,除了北京、上海、济南外,还有杭州、重庆、哈尔滨、天津、南宁、石家庄、武汉。据介绍,2015年第一季度,北京高峰拥堵延时指数高达1.99,平均车速为24.02km/h。济南高峰拥堵延时指数达1.92,平均车速为22.66km/h;全天平均速度为26.37km/h。当居住在城市里,汽车已经不能发挥其作用的时候,不买汽车是最好的选择。

3. 空气污染

据报道,2014年12月初,中国近半国土不同程度出现雾霾天气。李克强总理也在2014年2月的国务院常务会议上说,“要打一场治理雾霾的攻坚战、持久战”。2014年1月4日,国家减灾办、民政部首次将危害健康的雾霾天气纳入2013年自然灾情进行通报。2014年2月,习近平在北京考察时指出:应对雾霾污染、改善空气质量的首要任务是控制PM2.5,要从压减燃煤、严格控车、调整产业、强化管理、联防联控、依法治理等方面采取重大举措,聚焦重点领域,严格指标考核,加强环境执法监管,认真进行责任追究。因此,控制汽车保有量将逐步提到议事日程来。

综上现有学车人群、交通拥堵和空气污染等三大因素,机动车及其驾驶人每年需求量将逐渐放缓并逐步回归到自然增长人群(与国际接轨)。也就意味着过去的驾培“春天”永远不会再来。

根据作者有关研究,经过驾培改革试点后,距离目前3~5年内,我国的学车生源可能将回归到人口自然增长人群。期间如果以价格为主线,将分为三个阶段:

一是零星小幅下浮期。自改革落实之时,因个别驾校经营困难,迫于“孤注一掷”、“最后一搏”的想法,不得不做出小幅下浮的举动。但由于大多数驾校“抱团取暖”,使地区价格不会降低很多,且不会很久。一般在1~1.5年。

二是震荡悬浮期。个别驾校在经历“零星小幅下浮期”后,收效甚微。而大多数驾校,尤其是实力雄厚、规范化、集约化程度大的驾校,在短暂观察和调整后,迅速将价格升至合适的价位,以体现自身价值,享受市场调节功能。一般也在1~2年。

三是稳定发展期。所有驾校在经历上述两个周期“洗礼”后,胜败已见分晓,接下来就是价格稳定期。部分驾校已经退出市场,剩下的驾校逐步走向职业化、专业化。实力差异决定了价格差异。此时,学车人员的人口即是自然增长人群。

因此，摆在驾培行业面前的是要真实地面对以上这种现实。再存有几十年持续井喷的驾培生源幻想已经不合时宜。调整心态、适应形势、顺应发展才是驾校发展的唯一出路。

三、驾培市场又遇改革深水期

改革既是挑战，又是机遇。“不在沉默中爆发，就在沉默中灭亡”。习近平指出，“我国改革已经进入攻坚期和深水区。要敢于啃硬骨头，敢于涉险滩，更加尊重市场规律，更好发挥政府作用，以开放的最大优势谋求更大发展空间”。2014 年 6 月 4 日，国务院发布《关于促进市场公平竞争维护市场正常秩序的若干意见》(国发〔2014〕20 号)。而驾培以及与驾培关联度极高的驾考，同样迎来改革的深水期。2015 年 12 月 10 日《国务院办公厅转发公安部交通运输部关于推进机动车驾驶人培训考试制度改革意见的通知》(国办发〔2015〕88 号)。2016 年 6 月 1 日，国务院发布《国务院关于在市场体系建设中建立公平竞争审查制度的意见》(国发〔2016〕34 号)。以上文件的出台足以看出国家顶层对驾培改革的意志和决心。但就全国来讲，也许存在这样或那样的原因，使驾培改革出现一些难度和差异。

1. 各地改革进程不一

根据国办发〔2015〕88 号文件的工作目标，“2016 年上半年，部署驾驶人培训考试制度改革工作，明确各项任务推进步骤，启动重大改革事项试点”。据了解，全国已经有些省份开始发文贯彻执行。2015 年 12 月 23 日，重庆市人民政府办公厅下发渝府办发〔2015〕194 号文；2016 年 3 月 18 日，辽宁省人民政府办公厅下发辽政办发〔2016〕37 号文；2016 年 3 月 18 日，江西省人民政府办公厅下发赣府厅发〔2016〕10 号文；2016 年 3 月 20 日，福建省人民政府办公厅下发 闽政办〔2016〕33 号文；2016 年 4 月 1 日，陕西省人民政府办公厅下发陕政办发〔2016〕24 号文 ；2016 年 6 月 21 日，海南省人民政府办公厅下发琼府办〔2016〕130 号文。2016 年 2 月 18 日，甘肃省公安厅交警总队下发甘公交〔 2016 〕21 号文。2016 年 7 月 12 日，广东省人民政府办公厅下发粤府办〔2016〕130 号 77 号文等。但也有些省份至今尚未发文进行贯彻，这在一定程度上说明各地在实施贯彻执行机动车驾驶人培训考试制度改革中还存在一定的难度。

2. 非法驾培开始冒进

改革具有两重性。即成功和失败均有可能。在本次改革之初，社会许多闲散资金、互联网大鳄，在其他行业投资无望的情况下，纷纷转入驾培行业。尤其是在各地具体措施尚未落实之际，利用管理漏洞，见缝插针进行非法驾驶员培训活动，在一定程度上扰乱了驾培市场，破坏了市场秩序。

为此，全国某些地区开始规范机动车驾驶员培训经营行为，维护正常的市场秩序。

如2016年6月23日，四川省厅运管局下发《四川省机动车驾驶员培训市场整治工作方案》，方案中明确2016年7月1日起至11月30日，全省（四川省）将分5个阶段开展为期4个月的驾培市场专项整治工作。2016年4月13日，襄汾多部门合力“围剿”黑驾校，整顿驾培市场；2016年5月26日，鄄城县成立了由公安、国土、交通运输、交警、市场监督、物价和城市管理等7部门组成的联合执法队伍，制定了《关于集中清理整治驾培市场的实施方案》，取缔“黑驾校”、“黑代培点”9处。2016年6月15日，河南开封三所驾校设立“黑驾培点”，市运管、交警部门命其停业整顿。

3. 市场变节开始凸显

2016年初，贵州黔东南州驾考协会在黔东南西北片区三个县的3所驾校进行试点，后又将东部片区的四县10所驾校进行联合经营。提出了实行联合经营的所谓“贵州黔东南模式”（见《贵州黔东南模式——实行联合经营杜绝价格恶性竞争的新探索》）。

2016年5月，江西婺源在3所驾校的基础上，扩大到5所驾校。实行价格自律、承包管理、合作经营的联合经营的所谓“婺源驾培经营模式”（见《驾校如何结束恶性竞争，走向携手共进——“婺源模式”给您揭秘》）。

这些模式的出现，实际上就是市场变节的表现，但是否涉嫌市场垄断有待进一步研究，但该模式之所以在有些区县级或小型规模驾校集散地产生，主要原因是：依据经济学观点，单个驾校的经济效益不足以维持成本运行（边际成本）而采取的自救（或“抱团取暖”）措施；其深层原因在于规模化、集约化程度不够，即没有规模效益。

就全国来说，上述各种模式其实并非个例，这也足以说明今天我国驾培制度改革难度之深。

四、驾培市场的恶性竞争

任何市场都有恶性竞争问题。但随着驾培行业转折期的到来，恶性竞争达到了非常严重的状态。如果这种状态持续下去，未来的驾培市场是否能持续健康发展令人担忧。

1. 恶性竞争不仅发生在驾培行业

据统计，目前在汽车运输行业中，有90%以上的货车驾驶员驾车时不同程度地违法超载（平原、丘陵地区更甚）。有的货车超载率达到核定吨位的3倍之多，有的核定5吨的中型超长货车最高运载18吨以上。有些人直接道出其中的主要原因是“不超载不赚钱”。而“不赚钱”的重要原因就是运价太低。造成运价太低的直接原因就是承运方不顾运输成本而竞相压价。

2. 恶性竞争的主要表现

从历史角度看，笔者曾在2006年承担省级驾培收费成本收费研究课题。在当时的形势下，核定驾驶培训成本价，C1车型为3500元。然而10年过去了，物价、油价大幅度提高,有些地区的收费却仍然持续在2000元左右。

从全国横向角度看,不同的省份、不同的地市、不同的县级区域,不同的驾校的培训价格差异非常大。截止到目前,最高收费能到6000元以上,最低能到2000元以下。在全国汽车运行消费基本一致、全国教学大纲一致的情况下,出现如此大的差异,很难想象个中原因。

当然,笔者并不反对市场自行调节。国办发〔2015〕88号文中也提出了全国驾培实行市场调节价。但如果在成本价之下驾培服务仍在运行,就值得深思。从上述逻辑不难看出,很多人的"聪明"在起作用,从不当竞争中获取私利。岂不知,这种"聪明"人不是太少,而是"不聪明人"太少,其结果是,培训收费上不去,低于成本价运行,如此恶性循环,最后直至市场崩盘。

简介

刘俊利,男,1962年生人,山东交通高级工程师。

刘俊利三十年多来,一直致力于道路交通安全、驾培教学与研究工作。已在国内外学术期刊上发表纸质论文50余篇,网络原创文章近3000篇;主编驾驶心理学、驾驶技术、教练员培训等教材专著10余部;参与国家、省部级课题共6项。2004年起多次参与修订、审定全国驾培教学大纲、道路运输驾驶员培训大纲、部令等交通安全、道路运输法律法规。主要起草机动车驾驶教练员国家职业标准。2004年曾在省级驾培管理部门任职3年。

谈绍兴驾培改革的突破与创新

绍兴市道路运输管理局　赵　宁　俞　波

为认真贯彻党的十八大有关全面深化改革的要求，真正落实交通运输部、公安部联合发布的《机动车驾驶培训教学与考试大纲》，从去年以来，绍兴交通运输管理部门依托现代化信息技术，升级改造驾培计时管理系统，通过改进培训记录传递方式、公开学时收费价格、绑定学时学费支付办法、与公安部门联动等改革举措，确立了以“网上预约，先学后付，计时收费，费时绑定”为基础的驾培管理新模式，成为全国率先也是当时唯一一个全面实施驾培新模式的地市。

绍兴驾培改革一年多来，成效显著，通过新模式培训学员 13.1 万人，考试合格率达到 94.5%，比传统模式提升 4 个百分点；驾培行风投诉仅 8 起，投诉率同比下降 80% 以上，且这 8 起投诉反映的均是旧驾培模式内容，新模式实现行风“零投诉”。交通运输部将绍兴驾培经验写入《国务院办公厅转发公安部交通运输部关于推进机动车驾驶人培训考试制度改革意见的通知》（国办发〔2015〕88 号）中；浙江省交通运输厅将绍兴做法列为全省交通运输综合改革试点项目、全省交通运输系统创新创优项目，并写入《浙江省人民政府关于交通运输综合改革试点实施意见》（浙交〔2015〕160 号）。

一、驾培改革背景

截至 2016 年 5 月，绍兴全市共有驾培机构 71 所，企业性质为有限责任公司及私营企业。区域分布如下：越城区 21 所、柯桥区 14 所、上虞区 8 所、诸暨市 15 所、嵊州市 7 所、新昌县 6 所。全市共有教练车 5670 辆，其中小型汽车（C1、C2）5629 辆，大型客车（A1）14 辆，中型客车（B1）5 辆，大型货车（B2）22 辆。年培训能力 27 万人，2015 年绍兴全市实际培训人数为 18 万人，培训量在全省排名第三，仅次于杭州和宁波。2016 年，截至 5 月 18 日，已有近 22 万人通过驾培新系统报名学车。

原有驾培模式的基本特征是“先付费、后学习”，这一模式主要存在以下弊端：

1. 收费问题突出

原来的驾考名额分配制度为教练员敛财提供了空间，驾培机构或教练员凭借安排学车、考试走“捷径”等手段，“吃拿卡要”，乱列名目、变相收费，社会反响很大，学员投诉不断。

2. 学时造假泛滥

原有培训计时系统名存实亡，学时“跑马”造假成为公开的秘密，由于缺乏有效监管手段，特别是学员自我维权意识不够，学员贪图简单、方便，行业监管成效甚微。

3. 培训质量不高

驾培机构轻视培训质量，把培训的重点放在应对公安部门的考试上，千方百计缩短培训时间。不少学员“重拿驾照、轻学驾技”、“先拿驾照、后练技术”，即使通过考试，也不会独立开车，成为“开关师傅”和“马路杀手”，留下安全隐患。

4. 市场竞争不足

驾培机构进入门槛较低，市场能动性不足，普遍存在不重视培训质量、不重视品牌建设的情况。学员在驾培机构、教练员选择上处于被动地位，驾培市场竞争机制难以发挥。

5. 服务质量偏低

原有驾培模式，大部分教练员和教练车属于挂靠性质，驾培经营实为“收租经营”，驾培机构先收费、后培训，学员有求于驾培机构或教练员，属于被动、弱势一方，行业服务品质难以体现，质量总体偏低。

6. 教学资源浪费

由于考试名额指标与教练车辆挂钩，导致教练车辆激增，如2014年全市新增6家驾培机构、400辆教练车，分别新增10.3%和8.5%，超过市场实际需求，造成教学资源浪费。个别驾校还通过不正当渠道和手段，获得大量教练车指标，攫取巨额经营利益。

二、驾培改革经验

(一)在改革创新上，突破性地开创了“网上预约，先学后付，计时收费，费时绑定”新模式

自2013年6月起，绍兴就开始为培训模式的转变做准备工作，先后学习了上海荣安、浙江湖州“先培训后付费”的具体做法和相关技术问题，并选择了新模式所必须的信息系统建设单位。自2014年1月开始，以BOT方式进行“先学后付、计时收费”平台的搭建工作。2014年6月开始在两个单位进行新模式运行测试。2014年11月，逐步引导驾培机构以自愿的方式使用新培训计时系统，并于2015年1月26日起，全面起用以“预约培训、自主选择、一人一车、即时付费、学后评价”为核心的新培训计时管理系统，在全市范围内实行“先学后付、计时收费”培训模式改革试点。其中，越城区和柯桥区1月26日起用，

上虞区 2 月 1 日起用，新昌、嵊州 2 月 5 日起用，诸暨初定于在 3 月上旬起用。至 2015 年 3 月 10 日，诸暨终止了原培训模式的报名工作。

（二）在功能特点上，借鉴“淘宝模式”全面打破驾培机构壁垒

为解决过去采用的先付费后培训、考试名额按车辆数分配的旧模式带来的一系列问题，绍兴市以贯彻《交通运输部办公厅关于做好机动车驾驶员计时培训系统技术规范实施工作的通知》为契机，升级计时管理系统，同时引入以银行卡消费记录为第三方数据校验培训学时，即驾培学员卡同银行卡捆绑，全面实施“先学后付、计时收费”驾培新模式，确实提高机动车驾驶培训质量。

1. 先学后付

学员通过绍兴驾培公众服务网、驾培机构服务窗口和服务电话等进行预约，成功约定相关时间、课目内容后，可以先学习，再按学时刷卡付费。

2. 自主选择

学员可以自主选择、更换培训机构和教练员，自主选择培训时间、项目和考试时间。

3. 费时绑定

引入银行卡消费记录作为第三方数据校验，把驾培的学员卡和银行卡绑定，管控培训学时学费，保障交通运输部新教学大纲中学时规定的落实。

4. 一人一车

在约定时间内，教练员与学员须一对一进行培训。

5. 即时付费

系统按照实际培训时间和课目，即时将培训费从学员的银行账户划到驾培机构账户，以学时为单位，一次一付，即时付费。

6. 学后评价

学员每次培训结束，可以通过绍兴驾培公众服务网对教练员的教学质量、服务态度等进行评价，倒逼驾培机构、教练员提高服务质量，杜绝“灰色交易”。

（三）在改革过程中，理论与实践相结合，切实打造全新的驾培平台

1. 充分研讨，做实基础性工作

鉴于本次驾培改革的探索性、首创性，我们本着审慎、严谨的态度，扎实做好前期基础性工作。通过多方调研，制订比较方案，并邀请法院、公安、市政府法制办等部门一起座谈研究，保证改革的合法性和公正性。

2. 搭建平台，打造无围墙驾校

通过 BOT 方式搭建绍兴驾培公众服务网，统一运行驾培学时管理、机构管理、公众服务三个平台，公开驾培机构、教练车、教练员及其培训学时、价格、服务等信息要素，管理

部门依托平台可以进行全程监管,学员通过驾培网这个"大驾校",自主选择全市任一驾校、任一教练车学习,增强了学员的主动权。

3. 紧密协作,实现数字化联动

2014 年 11 月,公安部门率先推出车驾管八项改革措施,全面实施学员自主约考。2015 年 1 月,交通运输部门及时跟进,建立公安交警与交通运管信息关联系统,实现培训与考试数据共享,确立"数字化"互信互认机制。2015 年 2 月,市交通运输局、市公安局依照上级有关文件精神,联合印发《关于推进机动车驾驶员培训考试管理改革工作的通知》,全面部署驾培改革工作。

4. 先行试点,推动阶梯式改革

2014 年 8 月,交通运输管理部门着手搭建新模式平台,组织了两所驾校试点。在取得初步经验的基础上,2015 年 1 月 26 日起,组织协调全市驾培机构分期分批、稳步有序地尝试驾培新模式。通过宣传、培训,新模式得到绝大部分驾校的理解和响应,至 3 月 10 日,当时全市 66 所驾校中 62 所驾校全部启用新模式,目前全市 67 所驾校 64 所启用新模式。为公平起见,自 2015 年 3 月 20 日起关闭了老系统,停止其学员报名功能。

5. 转变方式,采用无纸化台账

取消驾培行业旧模式下的纸质合同、日志与档案,公安车管与交通运管进行网络技术更新,将所有基础台账数据化,统一通过驾培网络平台录入、保存、报送和审批,实现部门间信息的互联互通,保证了各类信息准确、完整、及时。

6. 加大引导,培育高品质驾校

营造公开透明、有序竞争的驾培市场环境,促使驾校、教练员为学员报名、体检、理论学习、交通出行等提供更好的服务。大华、建华等驾校已经在市区 3 家医院设置报名服务点,精英、东成等驾校购置专车为学员提供接送服务。新模式下,驾培行业逐步由卖方市场向买方市场转变。

(四)在实际应用上,达到改善行风和便民利民双赢效果

1. 消费明白,投诉骤降

驾培驾考改革,堵住了"寻租"空间,免去了学员过去一些额外支出,净化了行业风气。2014 年,全市有关驾培行风的投诉就达 50 多起,而 2015 年 1 月新模式全面实施以来,驾培行风投诉仅 6 起,投诉率同比下降 80%。虽然新系统赋予了学员随时换教练员的权利,但目前尚未出现因行风不满意而产生换教练员的情况,行业走上发展"正途"。

2. 归正学时,行业向稳

把学员卡和银行卡绑定,用银行卡消费记录作为第三方数据校验,让学员评价监督,过去的学时"缩水"问题得到明显改观。通过类似淘宝的"支付宝"结算方式,学费由学员银行账号直接结算到驾校帐户,排除教练私收学费、携款走人的可能性,保证了行业的

稳定和资金安全。

3. 市场回归,服务提升

驾校经营意识逐步转变,培训质量、服务方式、经营管理成为驾校重点竞争的领域,较好地发挥了市场机制在激励竞争、优化资源配置方面的基础作用。驾校积极延伸服务,获得学员好评和点赞,新模式试行至2015年10月13日,通过驾培网注册登入的新训学员已达11.2万人,总学员数达16万人。

4. 网络监管,效率提升

通过网络平台,数据变成看得见、传得了、用得着的共享性资源,管理部门能方便、有效地监管行业,每个学员乃至社会公众都可以了解、参与监督驾培行业。监督队伍的扩容也促使行业形成规范、自觉的良好氛围。

三、改革过程中存在的问题

绍兴驾培改革,取得了一定成绩,但也存在一些问题,主要包括:

1. 学员对自身权利不重视

以往学员投诉反应最多的是驾校学时不到位、学时造假,教练员可以在不告知学员的前提下,私自"跑马"。绍兴驾培改革后,从制度上已经杜绝了教练员私自跑卡,学员有充分的权利选择驾校、选择教练员、选择时间,但在实际操作中,部分学员往往急于求成,对自身权利不重视,存在"花钱买驾照"、"先拿证再学车"的思想,主动把手机预约密码、银行卡账号等信息提供给教练,造成自身权利得不到保障,从而使驾培改革不能真正落到实处。

2. 市场竞争不足

驾培行业经过十几年的发展,已经完全市场化运行。由于驾培行业准入门槛较低,只要符合相关标准,行业管理部门都必须予以许可,新驾校不断出现,老驾校难以发展,驾校市场能动性不足,普遍存在不重视培训质量、不重视品牌建设的情况,驾培市场竞争机制难以发挥,存在"小、散、乱"的现象。

3. 行业政策法规不配套

近年来,交通运输部、公安部对驾培和驾考提出改革要求,但缺乏相应配套的政策法规支持,各省市在实际改革过程中阻力较大,相关标准、政策在执行时缺少强制性条款和处罚规则的支持。

四、下一步工作计划

1. 开展行业专项整治

根据绍兴市交通运输局和浙江省运管局行业管理要求,我局驾培科、审批科、稽查支队等相关科室,从2016年4月15日起,开展为期3个月的驾培行业专项整治,做好企业自查整改、集中整治和整改验收工作。

2. 优化升级计时系统

针对部分驾培机构学时造假、异地培训等行为，我局对原有驾培计时系统进行升级改造，主要内容包括：启用学时系统检测功能、使用省级驾培监管服务平台、试点身份证验证计时系统、完善科目二电子围栏和学时驾校审核推送功能、推广手机 APP 预约等多种互联网便民措施等。

3. 严把驾培机构许可

严格按照《机动车驾驶员培训机构资格条件》（GB/T 30340—2013）和《机动车驾驶员培训教练场技术要求》（GB/T 30341—2013）开展驾培机构行政许可，同时实行由驾培协会“专家组”一同参与的联合审查制度，确保审批透明、公开、公正。

4. 改变培训缴费方式

为加强学员的自我维权意识，驾协提出学费统一暂存在学员银行卡制度，根据预约学时和实际培训情况支付学费，每笔费用支出发送提醒短信，学员明白消费，此举有利于改变驾培行业普遍存在的驾校或者教练员一次性收取学员学费，后期学员权利得不到保证的情况，增强了学员学驾的知情权、选择权与主动权。

5. 启用学员评价系统

为进一步增加学员权利，我局在绍兴驾培公众服务网上启用学员评价系统，学员每次培训结束，可以通过绍兴驾培公众服务网，对教练员的教学质量、服务态度等进行评价，促使驾校、教练员进一步提高服务质量。同时，根据评价系统和其他投诉情况，指导驾培协会制定教练员“黑名单”制度，对严重违反教学规定的，一律清除出教练员队伍。

简介

赵宁，绍兴市道路运输管理局，驾培科副科长。

俞波，绍兴市道路运输管理局，驾培科科长。

绍兴市运管机构始建于 1979 年，时称绍兴地区公路运输管理处。1984 年实行运政、路政、交通监理“三合一”管理体制，名称为绍兴市交通监理处。1987 年监理权移交公安后，重新组建绍兴市道路运输管理处。2013 年 11 月更名为绍兴市道路运输管理局，为副县处级参公事业单位。

主要工作职能有：贯彻执行国家、省有关道路客货运输、城市公交、出租汽车、汽车租赁、机动车维修与检测、汽车驾驶员培训等道路运输行业管理的法规、方针、政策；承担全市道路运输行业安全生产监督管理和应急运输保障，行业节能减排、信息化建设、技术攻关、统计分析及发布工作；指导行业的精神文明建设、运政队伍建设；承担对县级道路运输管理机构的业务指导。

构筑驾培新格局　塑造驾校新气质

——新时期驾培行业如何转型升级

嘉兴大陆驾驶培训有限公司　陈建忠

[摘要]　这是一个在彷徨中匍匐前行,既要接受市场低潮考验、政策变革挑战;又要向更健康、更美好市场生态环境迈进的新时期。让市场与政策同向,创新与改革同步,行业与社会同心,才能构筑起驾培行业的崭新格局,塑造出驾校这一安全驾驶摇篮的崭新的气质。

2015 年,我们从一个个新鲜的热词背后,看到了驾培行业发生的大小事情:“驾培驾考制度改革”开启了政策机遇;“自学直考、学车一卡通”提出了新挑战;“互联网 + 自主约考”呼之欲出;“先学后付、智慧驾培”拉开了新模式。这意味着驾培行业将迎来发展的重要战略机遇期。

一、驾培行业的现状

1. 市场供需发生逆转

如果说驾培市场之前是卖方市场的话,那么,现在是典型的买方市场,行业人士都知道:2014 年 5 月以来,驾培行业两项新国标实施后驾培机构为了达标改造投入很大,培训能力得到了很大的提升。尤其是驾校后置审批放开以来,驾校数量增加迅猛。目前,就嘉兴市而言已经有 50 多家,年培训能力已经远远超过实际培训人数。市场供给远大于需求,竞争日趋激烈。

2. 经济大环境影响较大

在对我国经济发展充满信心的同时,我们也清醒地认识到,经济复苏一波三折,全球经济延续低速增长态势。嘉兴市也面临着发展不平衡不协调不可持续的问题，经济结构调整、新旧增长动能转换等任务都十分繁重。

(1)从需求来看，需求总体仍然偏弱，投资增长动力不足，出口稳定增长的难度加大。

(2)从产业来看，传统产业增长动力减弱，不少产能严重过剩行业资产包袱重、负债比例高、调整转型难度比较大。

(3)从企业来看，价格回落使部分企业生产经营困难，停产半停产现象仍然存在。

经济不景气的大环境也影响了驾培市场行业的气候。

3. 驾培行业负面舆论众多

在百姓眼中，驾培行业"黑幕"重重，学员满意度低到海平面以下。"欺骗招生、低空飞行、恶意杀价、缩水培训、索要财物"，"教练'豆腐渣'教出'马路杀'"，"执行不到位，行业大杂烩，驾校只为钱，忽视讲安全"，"教练十分钟，等了一整天"等等负面舆论，让整个行业在前行中背负着沉重的原罪。

二、制度改革带来新机遇

1. 网络远程理论教学

当前，驾校理论培训教育遇到的问题可以归为"时间、空间、内容"三方面，一是培训时间不好安排；二是地点集中难以实现；三是学习内容匮乏，现有学习内容不系统，不规范。

尝试网络理论教学模式这一新兴的培训方式对传统教学进行了补充，能够解决理论教学中的资源匮乏、标准化、规范化程度不高等问题。广泛应用现代信息技术发展初学培训和继续教育，建立以学员为中心的现代远程教育学习体系，保障远程教育的教学质量。

2014 年，嘉兴市积极开展了"互联网远程教学""情景模拟教学"等教学方式，采用科技手段，实现教学内容统一，教学资源共享，教学实践和空间灵活，教学过程生动有趣，从而提高理论培训质量。

2. 考试网上自主预约

长期以来，驾校负责考试预约工作，不能全身心地投入到学员培训工作中来，考生必须服从驾校的统一安排，没有"自主性"。

为了改变这种局面，嘉兴市于 2016 年启用了互联网学员自主预约功能，考生可自主选择考试时间、场地，真正做到"我的考试我做主"，杜绝了考试名额分配暗箱操作的可能，实现了驾驶人考试预约的公平、公开、公正。

3. 先学后付计时培训模式

先学后付的计时培训模式改变了过去驾培机构靠增加招生数量、压缩培训学时、缩短培训周期、投机取巧的恶性循环，使学员的合格率、学习质量不断提高。服务水平成为驾培机构的核心竞争力。单车培训学时的使用率越高，驾校及教练员的经济效益也越大。同时，这种模式还使教练员和学员之间传统的“师徒关系”变为“服务”与“消费”关系，有利于消除“吃、拿、卡、要”的行业弊病。

2016年4月，在嘉兴市道路运输管理局和交警支队车管所的联合推动下，包括嘉兴市大陆驾校在内的三家驾校在全市率先推行“先学后付的计时培训”的驾培模式，经过试点的成功，形成了良性循环，嘉兴市已经全面推广。

三、构筑新格局

驾培行业面临着供需的逆转，大环境的艰难复苏，行业的负面舆论，似乎感受到了行业冬天的肃杀之气。同时，驾培制度的改革，给行业带来了新的机遇，作为企业必须要构筑崭新格局。

1. 品牌战略

市场的冬天并不代表企业的冬天。市场营销专家李维特说：市场的饱和并不导致企业的萎缩，造成企业萎缩的真正原因是营销者目光短浅，不能根据消费者的需求变化而改变策略。在此严峻的形势下，驾校应实施品牌战略以求生存、求发展，确保生源来维持企业经营，并借机胜出，同时打造随机应变的市场能力。

2. 创新服务

不可忽视的是，机动车驾驶早已从职业技术转化为生活技能，学员的需求呈现出多层次和个性化的特点，比如先培后付、度假式学车、边学车边交友。驾校应创新服务模式，让培训方式更多元，服务模式更贴近，智能手段更多样，理论教育更灵活。驾校通过创新服务模式适应需求，做到差异化服务，因材施教，从而使学驾过程成为愉快体验。

3. 互联网思维

互联网思维渗透到诸多行业，驾校也无法置身事外，一些崭新的应用如电子监控系统、高仿真模拟机、车载计时打分系统、网站、微博、微信、手机APP等，已经成为拥有新思维较早的驾校不可或缺的武器，在给学员和驾校带来便利的同时，也在颠覆传统的驾培模式。

作为驾培行业发展新时期的经营管理者，应顺势而为，快速接受移动互联网思想的洗礼，借助大数据、互联网从粗放型管理转型升级为精细化管理，着力打造智慧型、服务型、责任型、品质型驾校。从而分到互联网、大数据时代给驾培行业带来的红利。比如驾校可以就自己或者联合开发适合于自己的APP，开始尝试整合学车、卖车、二手车等业务版块。

四、塑造新气质

“黄金时代在我们面前，而不是身后。”随着驾培市场的各种限制条件逐步被打破、新陈代谢必然加快，一个充分竞争的市场一定会优胜劣汰、良币驱逐劣币，“大鱼吃小鱼、快鱼吃慢鱼”必将在驾培市场上演。而塑造崭新气质，提供优质化、特色化服务永远是正道。

1. 花园式驾校

随着学员需求层次的提高，学驾环境变得尤为重要。把驾校打造成四季有花、四季常绿的优美训练环境，从而使学员在学习驾驶技能的同时，还能享受到优美的风景、呼吸到清新的空气。

嘉兴大陆驾校，自成立以来以打造生态花园式驾校、标准化训练场为特色，营造了舒适的学车、休息环境，驾校风景秀丽，吸引了不少学员，也使大陆驾校成为行业的后起之秀。

2. 提升教练员素质

如果说绿化环境属于硬件改造，那么教练员作为驾校的核心，则是保证培训质量的重要软件。提高教练员素质和教学水平是许多驾校亟待解决的问题。

驾校可以通过对教练员自身素质、服务质量、培训质量进行考核，从而使其素质得到提高。并且针对普通员工、中层管理人员分别制定相应的制度，进行团队化的强化管理。

3. 彰显特色

(1)配备全新的教练车，提高学车的舒适性。

(2)推出全日制、业余制、双休日、晚班；开设 VIP 班，便于广大学员选择性练车。

(3)教练员教学经验丰富、技术过硬，保证培训质量。

(4)纪律严明，坚决杜绝吃拿卡要。

(5)免费提供饮水，免费提供休息室、免费提供无线网、免费试乘试驾、免费考前心理辅导、免费提供空调练车。

无论时光如何流转，无论形势如何变迁，对世间每个生命的敬畏，对交通文明安全的追求，对驾培事业的坚守永恒闪光。为了梦想的加速抵达，未来我们需要做得更多。

2016 年，有我们不曾经历的挑战，更有我们不曾拥有的机遇。2016 年，行业改革新时期，希望可以更坚定地转型升级，教车育人、服务社会，培养出更多安全文明的合格驾驶人。

积极适应新形势　加快推进改革创新

衢州市星光机动车驾驶员培训学校　雷洪星

随着人们生活质量的提高以及出行代步工具的演变,机动车辆数量越来越多,驾驶技巧也成为现代人需要掌握的必要技能之一,大量驾驶员培训需求进而促成大量驾校的产生。但是随着驾校市场化的推进,驾校之间竞争也日益加剧,在实际运行中存在着很多问题。2015 年 12 月,《关于推进机动车驾驶人培训考试制度改革的意见》(国办发〔2015〕88 号)发布后,拉开了机动车驾驶培训与考试改革的序幕。但是面临新形势,驾校又该何去何从,如何在改革创新中走得更远?

一、驾驶培训现状分析

近年来,随着公众学习驾驶技术、考取驾驶证的需求增长,驾驶培训行业迅猛发展,但是随着驾校市场化的推进,驾校之间竞争日益加剧,在实际运行中存在着很多问题。

驾培机构应试教育的问题比较突出。如何缓解应试模式与实际道路驾驶实用性的矛盾,一直是笔者思考的问题。驾考应试模式存在一定的必要性,但是在实际应用中也存在着很多不足,甚至会出现有的人拿到驾驶证还是不敢开车上路的情况,而且这种情况下培训出来的驾驶员,也给道路交通安全埋下隐患。

一些驾培机构片面追求经济利益,低价招揽生源,培训过程中又巧立名目乱收费,学驾收费不透明。近些年,驾校之间的竞争日益激烈,服务水平参差不齐,以人口有 200 万左右的衢州市为例,全市就拥有 43 所驾校。驾校之间的竞争主要体现在价格方面,有些驾校以低收费吸引学员,又在学车过程中乱收费,以至于驾照拿下来后的费用比普通驾校收费高很多。

2015 年 12 月,国务院办公厅转发公安部、交通运输部《关于推进机动车驾驶人培训考试制度改革的意见》(国办发〔2015〕88 号),部署驾驶人培训考试制度改革工作。这次改革是顺应社会民众考取驾驶证需求,涉及亿万学员切身利益的一项重要民生工程。通过改革,学员学驾的自主选择权、监督权有了保障,学员可以自主选择驾培机构,可以根据自身的情况和意愿选择质量高、服务好的驾培机构进行学习,学车也更便利、灵活学车。

二、驾校改革与创新探索

1. 完善基础设施

驾校作为培训机构,虽然无法改变现存教考应试模式,但是在实际教学中可以做的工作还有很多。拥有良好的硬件设施是驾校专业化必备的条件,完善训练场,淘汰老旧报废的车辆,确保学员能用上有安全保障的教练车。

以衢州市星光驾校为例,无论是从驾校的硬件设施还是教练员的水平,都严格把关,力求进一步提高培训质量。在新国标出台后,星光驾校积极响应相关政策,筹备完善训练场地,成为衢州市区第一家训练场地达到新国标的驾校。驾校内的培训场地上带有信号灯的十字路口、斑马线、铁路道口、公交车站、高速取卡道闸、雨雾天气行车等城市道路驾驶模拟环境都已具备,为学员提供良好的驾驶培训环境,让学员在平时训练中就能熟悉实际道路驾驶环境。

2. 完善教练员激励机制

任何创新的发展都离不开人来执行,教练员作为保障驾培机构培训服务质量的核心要素,提升教练员的素质,完善教练员工作激励机制就变得尤其重要。

驾校从初选教练员时,就应该选用驾驶和教学经验丰富、安全文明驾驶素养高、职业道德素质高的驾驶员担任教练员,还要注重教练员的再教育,对教练员建立考核和激励机制,学员可以对教练员的服务进行评价,督促教练员提升服务质量、教学质量和教学积极性。

2016 年 5 月份,衢州市开展"文明礼让斑马线"活动,星光驾校就在第一时间告知了所有教练员,并规定只要是有星光驾校标志的车辆在路上被拍到不礼让斑马线的不文明行为,提供图片或视频,可以获得 500 元现金或 1000 元学费抵扣券,被拍到的教练员也会受到学校的内部处罚,被拍一次罚 300 元,并在安全月会上作书面检讨。这一奖惩机制的应用,确保了衢州交警支队通报查处的车辆中至今没有出现过星光驾校车辆,同时也让文明礼让行为深入教练行为意识,进而对学员言传身教这一文明理念。

3. 教学理念创新

创新教学理念就是要打破原有的教学模式,制定科学培训计划,严格把关培训标准,确保培训质量。同时还要不断进行借鉴先进教学经验,不能故步自封,要不断探索新理念。

驾驶教学是一项实践性很强的课程，在实际教学中，学员除了要通过书本熟知一些基本知识和基本技能，还要把所学的知识应用到实践中。教练员在教学中，对教学内容、教学进程和教学方法进行调整，针对学员中不同的情况，教练员要从学员自身的情况出发，有的放矢进行教学，充分调动学员的学车积极性和主动性。例如一些年纪稍大些的学员，在驾考中存在一些难以克服的困难，教练要根据实际情况为其制定培训方案，循序渐进，不能只以考试为目标，要关注学员的学习质量，以及驾驶技术的掌握技巧熟练程度。

在创新驾考教学理念的同时，无法动摇的一点就是安全教育。驾驶员是道路安全的重要基础，强化驾驶员安全文明驾驶意识至关紧要，驾驶员的安全教育培训是任何创新都不可缺少的环节。同时也是对驾培机构专业化的考验，具有专业的师资队伍、完善的设施设备的驾培机构，才能为学员学习道路交通安全法律法规，培养安全文明行车意识和理念，掌握驾驶技能提供良好的条件，才能促使学员形成良好的安全文明行车意识和理念。

三、优化品牌与细化服务

在市场竞争中，各个驾校为抢得生源已经展开了激烈的竞争，鉴于长足发展，驾校不能只把精力放在打价格战方面。那些大打价格战的驾培机构，只会落得因利润稀薄，无法给教练员良好的待遇，无法给学员提供良好的培训环境，最终跌进好员工流失，招不到学员的恶性循环中。要在激烈的竞争中屹立，驾校要有自己的办学特色，梳理自己的办学品牌，在不断完善中需求发展。

降价是在竞争中最容易模仿的手段，驾校要想做好品牌，就要做到“人无我有，人有我优”的地步，而品牌的建立也不是一蹴而就的，需要长时间的积累，学员的口碑是驾校的无形资产和金字招牌，是驾校在同行中脱颖而出的利器。

品牌和口碑又是建立在服务的基础上，对驾校服务质量的衡量标准则体现在学员学车的过程中体会到的服务细节。如何让已学者在潜在客户中宣传驾校品牌，以及长时间维持学员对驾校品牌的忠诚度，就需要驾校尽可能提高自身服务质量，做好宣传，尽量避免负面口碑的产生与传播。

虽然驾校运营过程中还存在很多问题，但是目前驾考市场的需求量还是很大，发展前景还比较乐观。驾校要想长足发展，在新形势下要不断提高自身的水平和培训质量，规范培训学时，摒弃价格战，透明收费制度，在保证学时成本下，警惕因低价而牺牲教学质量。同时，驾考市场健康发展还离不开相关部门的宏观调控，合理调控驾校的发展数量，在需求与供应不平衡的区域进行合理调控，统筹城乡驾培发展，对优化驾考市场环境，保证教考市场健康发展都有重要的影响。

简介

雷洪星，现任衢州星光机动车驾驶员培训有限公司董事长、校长。

衢州星光驾校成立于2012年7月，学校实行军事化管理，严谨教学，规范操作，狠抓廉政建设。努力为广大学员提供热情、周到、高品质、高效率的驾驶培训服务以及营造规范和谐、公平的培训环境。“遇见星光，遇见学车好师傅”是我们的理念。

我们的荣誉与品牌服务：

浙江省文明示范驾校

衢州市AAA级企业

衢州市文明单位

中共衢州星光机动车驾驶员培训有限公司支部委员会

衢州市退伍军人特约驾驶证培训机构

衢州地区“互联网+驾校”星品牌第一门户网站

驾培改革中论协会秘书长的履职与担当

浙江省台州市机动车驾驶员培训行业协会　金吕先

国务院办公厅转发公安部、交通运输部《关于推进机动车驾驶人培训考试制度改革的意见》(国办发〔2013〕88 号)(以下简称《意见》),从国家层面对驾驶培训考试改革工作出了顶层制度安排,也使社会对驾驶培训业的关注达到了前所未有的高度。在推进驾驶培训考试改革的关键之刻,作为行业协会秘书长,应当牢固树立创新、协调、绿色、开放、共享的发展理念,以高度的社会责任感和敢于担当的精神状态,切实履行好"服务、引领、协调"的工作职能,充分发挥好协会"提供服务、反映诉求、规范行为"基本功能,在助推驾驶培训考试改革进程中,当好宣传员、服务员和引航员,为顺利推进和完成驾驶培训考试改革各项目标任务定能生慧。

一、当好改革宣传员

行业协会秘书长必须科学研究和正确解读国家系列政策和法律法规。当前应当精心策划、充分做好有深度、有广度、有力度的《意见》宣贯工作,确保正确理解和全面掌握《意见》的主要内容和关键措施。首先,认真编印好宣贯资料。内容包括《意见》、《关于做好机动车驾驶人培训考试制度改革工作的通知》、《机动车驾驶证申领和使用规定》(公安部令第 139 号)、《浙江省深化机动车驾驶培训改革实施方案》以及如《如何认识教练员从业资格证认定的取消》等行业专家有关改革政策的权威解读资料等。其次,认真组织好《意见》宣贯工作。我们于 4 月份,对全市驾校负责人开展了集中培训,对《意见》开展正确解读;结合本地实际,对《意见》涉及的十二条主要任务,编印成读本,由驾校自身组织从业人员进行认真学习,据统计,共有 4300 人参加了各种形式的培训学习,让从业人员知悉驾驶培训考试改革的新任务、新挑战、新机遇。通过一系列精准细致深入的宣传教育,让全市驾驶培训从业人员掌握了《意见》提出的一系列新制度、新举措,给今后的驾驶培训工作指明了方向,增强了责任感和使命感,找准短板,扬长避短,乘势而进。

二、当好改革服务员

服务是秘书长工作的永恒职责,他的重要作用就是根据时代发展,采取有效措施,发挥积极职能,激发协会活力,服务行业发展。首先,急驾校之所急,及时为驾校纾困。深入调查研究驾校服务需求以及当前面对的困难,年初,驾驶培训教练员从业资格证认定工作的取消,全市近560名教练员从业资格证到期,若不及时换证,将严重影响教练员执教。协会及时向市道路运输管理局反映,并于3月底出台了《机动车驾驶培训教练员管理办法》,对全市驾驶培训教练员实行行政备案制度,统一申请表、统一证件、统一编号,并严格按照《意见》要求各驾校聘用教练员时,将聘用信息及时报送市道路运输管理局,便于行业管理部门掌握动态信息,实施常态性监管。要求各驾校建立完善教练员档案管理,持经备案认可的上岗证件执教。为解决教练员工学矛盾,方便教练员利用空余时间进行培训学习,打造教练员职业学习的便利性,协会于今年下半年启动教练员网络远程继续教育工作,不断提升教练员的职业素养与能力。

三、当好改革引航员

面对驾驶培训改革新形势、新举措,行业协会秘书长应当具有宽广长远的视野和与时俱进的意识,引导驾培行业坚定信心抓住机遇,面对挑战,勇于推进行业改革创新,激发行业发展新动力,在行业求变中不断引领进步。首先,引导驾校重新认识自我,实现精准定位。驾校靠什么发展,创新能力与管理才能如何,是决定驾校经营成功的核心所在。发展不能单靠负责人能力,还需取决于各类要素积极性的调动能量,即驾校内部的团队战斗力,其关键在于驾校的管理体制与经营机制能否顺应甚至引领市场。其次,引导驾校了解生存环境,准确分析自身优势和劣势,在日常经营实践中扬长抑短,找准在行业政策大变革下适应自身生存、发展与提高之路。最后,引导驾校编制发展规划和发展战略,发展规划与发展战略的理性至关重要,这就要求驾校遵循事物发展客观规律,尊重驾校发展生命路径,其最核心工作是编制好驾校发展内部战略,指导及时捕捉到改革、发展的每一重要契机,准确研判行业发展走向,把难点和复杂性估计得更充分一些,把各种风险想得更深入一些,把各方面情况考虑得更周全一些,坚持底线思维,巩固稳中向好的发展态势,促进驾培行业持续健康发展。

常言道:协会是品牌,会员是基石,会长是舵手,秘书长是团结和谐的纽带,是抱团发展的推手,是战略发展的策划者,是推动发展的执行者。只要我们术业有专攻,具有敢于担当的职业素养和高度社会责任意识,当好本轮行业改革的宣传员、服务员和引航员,就一定能开拓出有为、有位、有威的新局面,圆满完成行业改革的各项使命。

简介

金吕先,现任浙江省台州市机动车驾驶员培训行业协会秘书长。

浙江省台州市机动车驾驶员培训行业协会2010年11月11日成立现有会员单位110家。2014年被评为AAA级,2014年被中国道路运输协会、太平洋人寿保险股份有限公司评为驾培安全管理优秀组织奖;2014年和2015年被浙江省汽车驾驶员培训行业协会评为“五个一”活动优胜单位。

驾培行业破局之路

瑞安市五联机动车驾驶培训学校有限公司　王劲翩　陈丽苹

“无人能够左右变化，唯有走在变化之前，在动荡不定的时期，变化就是准则。但是，只有将领导变革视为己任的组织，才能生存下来。”

——彼得·德鲁克

我国机动车驾驶人培训自1993年开始走向社会化、市场化以来，至今也不过才20多年的时间。因此，驾培行业迅速发展，市场竞争愈趋激烈，随着国务院办公厅转发公安部、交通运输部《关于推进机动车驾驶人培训考试制度改革的意见》(国办发〔2015〕88号)发布后，2016年将成为驾培行业改革的元年。驾培市场巨大的毛利必将吸引互联网企业或其他资本进入驾培行业。传统行业的痛点多，供求关系和市场的转变及外来资本的介入给驾培行业敲响了警钟。所以驾培行业应该面对现实，顺势而为，转变思路，创新服务，以新理念面对市场，以新措施应对变化。

一、驾培行业的现状

1. 传统驾培行业的弊端

(1)学车体验差。传统驾培多人一车，一师到底，大多教练员素质较低，服务意识不强，“吃拿卡要”仍困扰着个别驾校，导致学车体验差，常为学员及媒体诟病。

(2)拿证时间过长。传统驾培教练员管理松散，培训方法标准不一，个别地方甚至是驾校与教练员各自为政，学员学车由教练安排学时，有时很长时间练不到车，导致学员学车周期长，拿证慢。

(3)学车价格偏高。传统驾培是一次性缴纳高额的学车费用，部分教练以多种名目要求学员交钱，且缴费内容含糊不清，没有清单，导致学员学车费用居高不下。

（4）学员权益得不到保障。传统驾培学员一般只能口头评价教练员，个别驾校也只是以问卷调查的形式来实现学员对教练员的评价，然而这些评价并不影响教练的收入，学员在学车过程中如对教练有所不满，为了在规定期限内参加考试，大多数学员均是采取“忍忍算了”的方式来对待，学员自主选择权小。

2. 互联网+时代的崛起

2015年的第十二届全国人民代表大会第三次会议上，李克强总理在政府工作报告中提出制定“互联网+”行动计划。

哪里有痛点，哪里就有“互联网+”，每年“3000”万人的市场需求，具有强大的诱惑力。2015年，互联网驾校如雨后春笋般大批涌现，已成为驾培行业的大势之趋。目前阶段从业的互联网驾校主要可以归为两类：

一类是传统驾校从业者转型互联网模式，另一类则是互联网从业者进军驾培市场，这两类同行都想在“互联网+驾校”中闯出一片天地。

2014年公安部副部长黄明在石家庄谈到了关于“驾考改革”的内容，之后，非常多的互联网驾校出现了，目前全国应该有“超过200家”的与驾培相关的互联网企业。

但就目前而言，大部分同行都在走同质化道路，只是简单将互联网与驾校相结合，将竞争对手的产品复制模仿，并未找到一条真正的可持续发展道路。要如何充分发展互联网学车，在互联网驾校这条路上走下去，是我们亟需深入探讨的问题。

我们把传统驾培行业的弊端戏称为“狼”，把进入驾培行业的互联网企业及外来资本视为“虎”。那么驾培行业面临的是一个“前有狼后有虎”的困境，在这样的形势下，我们如何在改革的浪潮中屹立不倒？如何适应新理念与传统意识碰撞的新常态，做到“驱狼吞虎”，将是我们亟须应对的课题。

二、“先学后付”将是破局之路

1.“先学车后付费”驾校+互联网模式

在“互联网+”潮流的冲击之下，一切顽固都将“烟消云散”，传统驾培行业的“包办式”学车模式受到强烈冲击。“驾校+互联网”即“预约培训、先学车后付费”可以提升学员的学车体验，即提升驾校的服务水平。

新模式是以学员为导向，推行“自主约培，计时收费，诚信评价”的培训服务新模式，改变驾驶培训机构现行的“先收费，后培训，包通过”传统单一模式，类似于淘宝购物和滴滴打车的“货到付款、事后评价”。用“服务员与消费者”的新理念淘汰了“师傅与徒弟”的旧观念，把消费者利益放在第一位，最大程度体现驾培消费的合理、公开和透明，也有效杜绝了教练员“吃拿卡要”的不良行风。

驾校行业之间的竞争已不再只是规模上的竞争，更是服务上的竞争。其间的差别就是服务之间的差别，是员工服务意识和能力的差别，竞争优势的来源在于附加服务的优劣，核心竞争力从单纯依赖规模的实力转变到越来越依赖其服务的竞争优势。通过打造和优化服务链，使我校从规模增长型企业转变为品质增长型企业。

2. 建立完善企业文化，提升品牌影响力，拓宽营销宣传途径

充分发挥企业文化在驾培改革与发展中的作用，以“为社会培养技术过硬、文明安全的合格驾驶人，守护交通安全文明”为使命，把企业文化建设作为一项重要工作来抓，不断提升驾校影响力。

首先，把加强驾培企业文化建设作为促进经营发展，营造健康向上工作氛围的关键环节，强化教练员队伍建设，特别是在一些重大问题的决策上充分发挥全体员工的智慧，集思广益。

其次，把“以人为本、安全为基、优质教学、诚信为先、服务制胜”等作为驾校企业文化的核心价值，突出重点、正面引导、分级组织、加快营销宣传。不断引导员工端正思想，充满信心，树立大局观念，努力完成工作目标，推动驾培工作健康发展。

再次，创新先进的企业文化理念，积极将先进的企业文化核心理念向全体员工展示，强化宣传，通过简报、板报、微信公众平台等宣传驾校文化，营造积极向上氛围。开展驾培行业核心价值体系宣传教育。

3. 顺着服务链的脉络寻找驾培行业的发展路径

传统驾培行业营收较单一，不妨以驾校为入口，延伸汽车后市场服务，维修、检测、保险、美容等，做好驾培+服务（产业）链。因为传统驾培行业基于大量的学员积累，在延伸到汽车后市场服务是具有较大的流量优势。

（1）驾培行业的服务链。驾培行业是一个细分行业，其基本的服务链条也比较简单，驾培行业处于中游，提供驾培服务；其上游如汽车经销商、驾考设备生产供应商、驾校管理软件提供商等，为驾校提供车辆设备软件等；其下游如汽车修理厂、保险公司、车辆检测公司、汽车美容店等，为驾校教练及学员提供各种服务。

（2）上游正向驾培行业延伸。上游如汽车经销商、驾考设备生产供应商、驾校管理软件提供商，这些公司已经开始向驾培行业伸出触角。早在2007年汽车经销商鹏峰汽车向下游驾培业务发力，其旗下9家汽车4S店为核心联合办驾培，真正全面完善了“一站式”特色服务。亚夏汽车向下游驾培业务发力，基于已有芜湖驾校的管理经验，今年投资新建了5所驾校（合肥驾校、顺通驾校、怀宁驾校、宁国驾校、金寨驾校），未来还将投资4所驾校。驾考设备集成商像南京多伦向下游拓展考训业务，控股沧州华通，参股唐山路通，潜伏驾考行业多年。

上游供应商向驾培行业发展具有一定成本优势，车辆、设备成本低，从而降低运营成本。这点我想还是值得驾校注意的。

(3)驾培行业也应向上下游延伸。与此同时,驾校的业务链也应向上下游延伸,因为驾校基于培训积累了大量学员,所以驾校业务向上下游延伸具有流量优势。比如东方时尚开发大量的后市场,其旗下拥有东方时尚汽车租赁公司、时新汽修厂等,其业务链条已不限于驾培考试服务,还涉及汽车销售、租赁、维修、保险代理、美容、陪练等业务内容。

以前,驾培主体主要是传统的驾校,在改革浪潮中,条条大道通罗马。现在驾培主体开始逐渐分化为连锁驾校、微驾校、专业化考试中心、甚至互联网驾校,并且朝着专业化方向发展。改革赋予了驾培行业新的特点:驾培行业的从业者越来越多,除了原有驾培企业,服务链上下游的企业、一些互联网公司或其他资本也跨界参与进来;服务链上下游的关系已不明显,各环节的企业既是服务商,又将成为竞争者;驾校之间、驾校与专业化考场之间的界线更加模糊,学员甚至感受不到实体驾校的存在,没有围墙的驾校即将到来!作为传统驾培行业的管理、服务和传承者,任务艰巨责任重大,但只要我们审时度势、抓住机遇,不断加强服务意识,转变经营管理理念,加强企业文化建设,延伸服务链,增加盈利点,那么驾培行业的明天将更加美好。

简介

王劲翩,现任瑞安市五联机动车驾驶培训学校有限公司校长。

瑞安五联驾校成立至今已有50年,是国家一级驾驶员培训机构,获得省文明示范驾校称号,总投资5000万元。现拥有"一校五场地"总面积56962平方米("五场地"包括飞云江畔新场地面积25426平方米、东山八十亩6780平方米、湖岭垟山溪11025平方米、陶山镇石坑村7266平方米和陶山镇花园村5365平方米、办公楼1100平方米)。现拥有139辆上海桑塔纳教学车辆。其中C1教学车辆133辆,C2教学车辆6辆。

驾培业如何应对“自学直考”带来的冲击

丽水市道路运输管理局　麻勇进

2015 年 11 月 30 日，国务院办公厅转发了公安部、交通运输部《关于推进机动车驾驶人培训考试制度改革的意见》（国办发〔2015〕88 号），从此，驾驶人“自学直考”开始走上了驾培业的舞台，不用参加驾校学习，自学就能参加考试领证，此政策一出，短时间业内一片恐慌，大呼狼来了！有了“自学直考”，以后驾校还能再办下去吗？这个行业今后还能赚到钱吗？今后办驾校还会有发展前途吗？各种担忧纷至踏来。本人从事驾培行业管理工作多年，作为业内人士，面对出现的新情况，同样也有担忧，但担忧之余，头脑中出现更多的还是对驾培业改革举措的肯定以及对未来驾培业发展的美好憧憬。为了对驾培业现状及前景有一个更深入的了解，一段时间以来，本人围绕“自学直考”政策出台的背景原因、“自学直考”前景分析以及驾培业该如何应对“自学直考”带来的冲击等三个方面内容做了一些调研和思考，现作如下浅析，仅供参考。

一、“自学直考”出台背景原因分析

1. 社会经济发展助推驾培业重要性程度快速提升

改革开放前，由于国家经济相对落后，汽车尚属稀罕物，社会上为数不多的车辆主要来自于政府部门公务用车、国营运输公司以及国营工厂的营运用车，社会上私人车辆屈指可数。由于车辆少，驾驶员需求有限，很多地方根本就没有驾驶员培训机构，为数不多的驾驶员需求主要来源于军队退伍的驾驶员。所以，长时间以来，驾驶人培训行业既不景气，也得不到社会大众以及政府部门的关注和重视。改革开放后，国家社会经济不断发展，人民生活水平及消费能力不断改善和提升，自 20 世纪 90 年代中期开始，随着国家改革开放政策的进一步深入，私有化经济不断推进，首先催生了私营汽车货物运输业的蓬勃发展，私营货物运输业的发展又催生了驾驶员的大量需求，自此，汽车驾驶人培训行业开始迎来了发展的春天。尤其是21世纪初，随着越来越多的私家轿车相继进入寻常百姓家，驾驶人培训行业发展开始步入井喷期，如丽水市，经调查2001年，全市驾培机构只有5家，年培训量不足5千人，到2007年就迅速发展到26家，年培训量达4万余人，截至2016年，丽水市已拥有驾培机构33家，年培训量达6万余人。通过发展，目前的驾驶人培训行业已不仅关系到道路运输经营者的效益和安全，还涉及千家万户的平安与幸福，已成为道路运输行业重要的组成部分。

2. 大众学车热助推驾培业渐成社会及政府部门关注的热点

随着社会经济的不断发展，人们的消费及需求观念已发生了显著变化，以前，学开车主要为了解决就业，现在，掌握开车技术已渐成人们生活中必备的一项基本技能，就像人们从小要进学校读书一样，小孩长大成人后，无论家中有没有车，不管是否真需要，大部分人都得去学，从而使学车大军前赴后继、源源不断。由于学车者涉及的群体面广、量多，驾培业由原本并不受人关注的道路运输辅助行业，一跃成为一项社会大众关心，政府部门关注的实实在在的民生工程，从此，驾驶培训行业自然而然越来越受到政府领导以及职能部门的关注和重视。

3. 驾培业众多不如意助推政府部门出台简政放权改革举措

由于学车热经久不退，卖方市场长期火热，随之驾培业众多对学车人不利的乱象喷涌而出。一是学车难，由于驾校的培训能力跟不上学车人数的快速增长需求，造成学车者大量堆积，以至出现报名学车难。二是学车贵，由于学车人数众多，驾培机构为了谋利，擅自暗中提价，甚至私下以各种名目漫天要价，以致不少地区出现天价培训费，动则七八千，多则一万余元，给学车者造成沉重的经济负担。三是驾校及教练员服务态度差，吃、拿、卡、要现象盛行。由于排其队学车者众多，驾校及教练员自身优越感强，部分从业者不是想方设法传授技艺做好服务，而是千方百计想多占便宜，总是利用各种名目向学员伸手，以所谓“报名费、培训排名费、超时油费补贴、考试排名费”等各种名义对学员进行索取，严重损害行业形象，引发学车者强烈不满。驾培行业的种种违规行为，激发起社会大众及广大媒体要求加快驾培业改革的呼声，同时也激发起国家政府职能部门加快对驾培业进行改革的决心。

二、“自学直考”前景剖析

1. 驾驶人“自学直考”是一项顺乎民心的便民举措

驾校服务水平低，培训价格高，再加上部分教练员“吃拿卡要”等恶劣现象屡禁不止，导致社会大众要求尽快加强驾培业改革的意愿非常强烈，适时推出“自学直考”无疑是一项叫得响的惠民便民举措，影响深远。在人们的观念里，可以自学直考，学车难、学车贵及以往学车中的种种不如意都将会一去不返了，这自然而然受到广大媒体及社会大众叫好，是实实在在看得见摸得着的民心工程。

2. 驾驶人“自学直考”是倒逼驾培业转型升级的一贴良药

学车难、学车贵、服务水平低以及“吃拿卡要”等其他种种的不如意现象出现，究其根本都是驾校管理人员及教练员自身优越感导致的，“自学直考”无疑是对这一优越感最沉重的打击。有了这一新政，驾校的头上好似悬着一把尚方宝剑，危机意识必然增强，从而倒逼他们转型升级，促使他们更加清醒地认识到，企业要想生存发展，必须加强内部管理，提升驾培服务品质，树立行业良好形象。

3. 驾驶人“自学直考”短期对学车者的吸引力远低于影响力

“自学直考”听起来简单吸引人，但学车人要想真正实施起来其实并不轻松。根据自学直考相关规定要求，一是自学用车必须加装副制动装置、辅助后视镜等安全辅助装置，完成加装后还需经机动车安全技术检验合格，并且应当按规定投保机动车交通事故责任强制保险等相关保险。二是随车指导人员应当取得相应或者更高准驾车型驾驶证五年以上，没有吸食毒品记录，未发生驾驶机动车造成人员死亡的交通责任事故或者造成人员重伤负主要以上责任的交通事故，没有记满 12 分或者驾驶证被吊销记录，没有违规随车指导行为记录。三是自学人员须与随车指导人员一同向户籍地或者居住地的地市级车辆管理所领取学习驾驶证明和学车专用标识。四是学车专用标识只允许签注一名自学人员、一名随车指导人员、一辆自学用车。每名随车指导人员、每辆自学用车不得同时签注 2 个及 2 个以上学车专用标识。已经签注过的随车指导人员或者自学用车，需要培训另一名自学人员的，自上次签注之日起三个月后，方可重新领取学车专用标识。五是自学人员学习驾驶中，需要变更随车指导人员、自学用车的，还须向原学车专用标识发放地车辆管理所申请重新领取。变更随车指导人员的，新的随车指导人员应当同时到场，并提供相关资料凭证；变更自学用车的，还须交验自学用车，并提供相关资料凭证等。前提条件众多，进入门槛较高。

由于进入门槛高，“自学直考”实际操作起来并不轻松，对指导者以及对车辆配置上的相关要求都是一种直接制约因素，特别是规定中限定随车指导人员一年内最多只能指导四个学员，利益空间狭小，出现职业指导者的概率几乎为零，从而极大地压缩了“自学直考”的发展空间。再加上相关配套措施不到位，除驾校外，社会上可提供用于科目二训练的场地并不好找，尤其是社会上需要满足 S 形弯道、坡道起步等练习条件的练习场地更加欠缺。如果自学者向驾校租用场地，场租训练费算下来，甚至有可能高过直接在驾校的训练费用，既不合算，又不方便，从而使“自学直考”叫好不叫座。有记者专门对相关试点城市作过调查，天津市车管所数据显示，截至 2016 年 4 月末，天津仅有 40 人报名，27 人通过科目一，仅有 1 人通过科目二。据福州市交警支队统计，截至 5 月 5 日，共受理自学直考申请业务 357 笔，核发学车专用标识仅 30 份。青岛市截至 4 月 26 日仅有 30 余人报名，而南京市试点开始半个月内的报名人数也只有个位数。从目前来看，“自学直考”

确实叫好不叫座，短时期内难以对驾校造成实际冲击，但本人认为，从长远来看，随着基础设施建设的逐步健全，随着职能部门进一步简政放权，自学直考将会渐成趋势，并对驾校造成严重冲击。

三、驾培业应如何应对“自学直考”带来的冲击

尽管在短期内“自学直考”对驾校难以形成大的实际冲击，但从长远来看，随着社会基础设施的不断健全，随着职能部门进一步简政放权，对驾校的冲击是必然的，而且会越来越严重。驾培业者今后的路应该怎么走，已实实在在摆在从业者面前，本人认为，如果依然以老大自居不思进取一成不变走老路，必然会在冲击的大潮中倒下。那以后应该怎样去经营驾校才能使自己立于不败之地呢？应从以下几方面着手加以实施。

1. 转变观念，让驾校及教练员成为实实在在的服务提供者

一直以来，由于生源充足，驾校及教练员一直处于高高在上的地位，再加上一日为师，终身为父的封建残余根深蒂固，学员自从交了学费，就开始处于弱势被动的一方，一切都由驾校及教练员说了算，学员基本没有话语权。在当今学车人数下降，竞争渐趋激烈，“自学直考”风劲吹的情况下，如果依然坚持以前的办学思路走老路，今后的路必然会越走越窄。只有尽快转变固有观念，彻底抛弃老大特权意识以及师傅至上这种陈规陋习，用心去做好服务，让自己成为真真正正、实实在在的服务提供者，让学员成为真正意义上的消费者。只有这样的驾校，才会有真正的吸引力，才会得到学车者的推崇和欢迎，也只有这样的驾校才能得到真正的发展和提升。

2. 加强内部管理，提升教练员整体素质

教练员是驾校的重要载体，也是驾校的重要支柱，更是驾校对外的第一道窗口，驾校形象的好坏大多通过教练员扩散延伸，教练员的好坏直接影响到所在驾校的形象。驾校要想吸引并留住大量的消费群体，首先必须从提高教练员教学技能和服务水平入手，可以通过学习、培训、竞赛交流等方式不断提升教练员的教学技能，通过学习教育及严格的管理制度不断提升教练员的品德修养及约束其日常行为，坚决杜绝教练员吃、拿、卡、要等违规行为的发生。所以，要想提升教练员的整体素质，首先要建立健全教练员的日常学习、教育、管理及奖惩等一系列的规章制度，以学习教育作引领，以制度建设促管理，促提升。并且要注重行业文明创建工作，积极开展多种形式的行业精神文明创建工作，通过评选“明星教练员”、“最美教练员”等活动努力引领从业人员爱岗敬业，争先创优的热情。

3. 增加投入，努力提升驾校的软硬件实力

众所周知，学员报名进入驾校学习，都希望得到规范的技术指导及相对优质的贴心服务。简单说，到驾校学习不但能学到技术拿到驾驶证，而且可以享受到应有的服务。

然而，驾校的规范指导及优质服务不是凭空就能有的，他必须有相应的条件作为支撑和保障。本人认为，驾校拥有较高素质的从业人员以及符合相关要求的设施设备就是技术与服务的支撑保障条件，缺一不可。如何提升技术及服务这软硬件实力，其实最好的模板就是认真做好中华人民共和国《机动车驾驶员培训机构资格条件》（GB/T 30340—2013）及《机动车驾驶员培训教练场技术要求》（GB/T 30341—2013）达标创建工作，依照各项标准认真对照实施，在此基础上，严格依照交通运输部、公安部联合颁布的《机动车驾驶培训与考试大纲》相关要求教学，确保学时足额，杜绝在学时上弄虚作假。只有这样，打造品质驾培才有较为坚实的牢固基础。

4. 创新思路，积极开展"先培后付"等新模式改革实验

具有计时收费、网上预约、学员评价和第三方支付等功能为一体的培训新模式是当前全国驾培业公认的最为先进的培训模式，该模式中的学员可以自选教练员、自选训练时间、一对一教学、按时计费、先训练后付费、学员评价、满意后再付费等众多优点。通过该模式的推广实施，实现学员自主选择培训模式、自主预约培训时段、自主选择教练员、自主选择缴费方式。彻底改变以往一车多人、一师到底、师傅至上等旧有落后的驾驶培训老模式，由以往师傅说了算逐步转变到由学员说了算，教学水平及服务质量说了算，从而形成学员至上，培训质量及服务水平为先的驾驶培训新格局，从而推进驾培行业和谐健康发展。

5. 拓宽服务渠道，提供个性化定制驾培服务

随着社会经济的不断发展，学驾人的培训服务需求不断提升，驾培企业要想立于不败之地，唯有与时代同步不断拓宽服务渠道，提升自身服务能力，以此更好地满足学驾人不断提升的服务需求才是最好的取胜之道。为了提升服务水平，驾培机构可针对学车人特点，灵活配置培训资源，推出因人而异的"私人定制"式服务，例如：可设置周末班、节假日班、晚班等针对不同学员时间特点设置不同班别，根据班别学员数量灵活调配培训资源供学员预约。

6. 积极发挥行业协会在市场建设中的作用

驾培协会是驾培行业重要的组织机构，应适应新形势不断创新管理体制和运行机制，提升专业化水平和服务能力。并且，驾培协会要进一步激发自身活力和发展动力，提升服务功能，为驾驶培训市场提供信息、咨询、培训等各类服务，尤其以充当好培训机构与行业管理部门之间的桥梁纽带作用，及时反映经营者诉求，帮助化解行业纠纷，引导行业自律，充分发挥协会在推进驾驶培训改革发展中的应有作用。

7. 积极争取政府部门的相关支持

任何行业的发展，离不开当地政府部门的关心和支持，驾培行业依然如此。以丽水市为例，目前，制约驾培行业发展的最大瓶颈是驾校用地紧张问题。用地问题不是行业本身能够解决的，必须要争取到政府相关部门的支持才行。丽水市由于土地资源紧张，

一直以来，政府对驾校没有专供用地，目前，丽水市90%的驾校训练场地都长期靠租赁经营，租赁经营存在着三大缺点，一是难以保持长时间的用地稳定，由于土地不是自己所有，随时都有被收回的可能，不利于驾校的长远发展；二是由于训练要求建设的资金投入巨大，如场地平整、路面硬化、项目设置、必要的办公管理用房等，由于土地不是自己所有，一旦搬迁新建，就会带给驾校巨大的经济损失；三是由于不是自有用地，为了尽可能在搬迁时减少损失，各驾校在建设上除必要配备外，不可能有更大的投入，严重影响驾校的发展和提高。所以，目前，用地紧张已成为丽水市驾培行业发展的重要瓶颈，必须要积极争取政府相关部门的支持，比如争取政府部门划拨出专用土地建设机动车驾驶员培训基地，从而彻底解决训练场地长期靠租赁的历史，推进驾培行业和谐、健康、有序地发展。

综上所述，驾培行业面对新形势，必须要有新思维、新举措及新突破，固守现成模式不思进取走老路必将会越走越窄，唯有提升服务理念，创新培训模式，努力打造品质驾培才是驾培业今后及未来的发展方向。“自学直考”其实并不可怕，真正可怕的是从业者不能更新理念，依然用旧思维、老眼光和老方法来对待新形势、新事物和新局面，希望尚未认识到危机的从业者深思警醒。

简介

麻勇进，现任丽水市道路运输管理局驾驶员培训管理科科长。

丽水市道路运输管理局主要承担丽水市范围内道路运输行业管理工作，包括道路班车客运、包车客运、公共汽车客运、出租汽车客运以及道路运输站(场)经营、机动车维修经营、机动车维修质量检验经营、机动车驾驶员培训经营等行业管理工作。

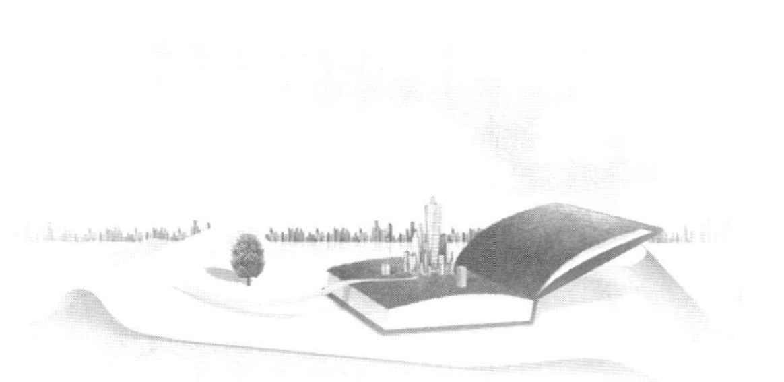

浅议现阶段驾校经营及发展方向

——驾校在“互联网 +”及驾考改革中如何求生存和发展

广东省道路运输协会驾培分会副会长兼秘书长　易振华

随着我国改革开放的深入，汽车工业飞速发展，民众学车大潮在近年达到了顶峰。汽车驾驶员培训行业得到前所未有的发展和壮大，即使是管理泛泛、“杂货铺”式的驾培经营者都分得一杯羹，经营者和管理者皆大欢喜。但时代发展变迁如今已进入信息飞速增长时代，互联网的发展是无孔不入，数百个行业的成千上万家企业紧跟时代步伐，谋求转型升级。而我们的驾校习惯于惰性思维、习惯于传统模式的消极管理及懈怠技能忽视了人员素质的提升。如此种种，与这个信息暴涨的年代格格不入，而弊端逐一显露。少数驾校力不从心，直接被市场淘汰，有的驾校如驶入波涛汹涌的大海，漫无目的，前途一片渺茫。近段时间来，全国驾考改革的呼声风生水起，各地区试点方案逐一出台，驾校经营方向更显迷雾重重。面对“互联网 +”和驾考改革，驾校走向何方，是我们每一个驾培人不可回避的课题。在此，浅谈一点自己的观点和看法，供大家参考。

一、目前驾校行业现状

目前的驾校出现了学车人数不减却招生困难、招进来难培训、教练员难管理、客服人员素质难提升，公司营运成本有增无减等问题；行业管理的各种政策和规定变化调整频繁，土地资源的减少造成可利用的培训场地及空间不断被压缩；国家的驾考改革同地方政府的改革试水不一而足，同一个省市规定的不统一，导致培训模式的不同，全国的行业监管可谓是五花八门，但国家对行业管理规定却是唯一的。各地市民对驾校的指责是一样的：到驾校学车难、教练员素质低下！

二、导致行业窘况的原因

1. 驾校管理参差不齐

驾培行业领头的标杆企业少之又少,可以借鉴学习的企业更是凤毛麟角。由于历史的原因,我们的驾校诞生为三种模式:一种是官办企业的转制;一种是由小作坊式店铺经营;而另外一种则是公司营运管理完全与市场接轨的市场化运作模式。

第一种模式的经营理念虽然是企业模式,但管理制度和思维仍然延续了国有企业的那种粗线条管理方式,公司经营理念墨守成规,日常管理照本宣科,政府的政策一旦调整,只能穷于应对;从业人员的素质一成不变,服务质量和水平居于五年前甚至十几年前的层次,跟现有的精细化服务和科学严谨的管理大局严重脱节,有的甚至格格不入;即便是这样,此类型的驾校也占有了一席之地,哪怕是市场无限压缩,他们还是占有一定生存空间。

第二种模式基于学车需求猛增的大环境,一夜之间壮大了,但作坊式经营理念不曾改变,且固化至今。驾校的经营完全依托于靠天吃饭思想,企业的管理谈不上科学、更谈不上规范或遵守教学大纲教学,任何一点风吹草动都会被波及。在当地驾培市场属于那种“一粒老鼠屎坏一锅汤”的角色。他们经营的理念就是如何从学员手中收到钱、如何获得高额利润,置学员利益之不理,简单说就是唯利是图;他们的从业人员,包括教练员和公司管理人员的从业道德和从业素质提升,无从谈起。这些仅仅是他们的一个概念而已。但就是这些不足市场份额20%或30%的驾校,招来的却是对我们驾培行业大量的、一拨又一拨的诟病和指责。

第三种模式的经营驾校中出现一批引领我们驾培行业发展的标杆企业,让全行业引以为傲。但是,我这里还是要说,即使是这样的驾校,也有很多的不足之处。比如说,没有自身的管理特点,也就是说没有可以借鉴、便于学习的、经典的管理方式、方法。他的管理模式或者某一个管理精髓,不能够被行业推广学习,或被非驾培行业人士及企业学习借鉴。而国内的知名企业就不一样了,这样的例子不胜枚举。

以上对三类经营模式的企业分析说明:我们驾校的经营管理,严重脱离这个信息时代!知识在暴涨,信息在高速传递,人们生存和消费观念日新月异,不谋求进取就会后退,就会被市场淘汰!

2. 驾校内部自身的管理极端欠缺

(1)驾校内部管理的重要性。这里我对制度建设不做赘述,简单举一个例子说说品质服务、规范化管理的重要性。十几年前,国内正热火朝天推行企业管理的质量体系认证规范,为创优或上等级,一些企业陆续开展了ISO质量体系认证,并逐步认证升级。虽然有些企业是流于形式,迫于产品的竞争压力,但至少他们是对企业或多或少地进行了一番规范化的调整。企业的管理成本至少在一定程度上降低,企业管理和服务在一定程度上提高了层次,对他们的客户来说,有了一个赏心悦目的改观和认可。而今,我们驾校的培训质量及服务质量怎么样,答案不得而知了。

(2)教练员素质提升的重要性。现有的驾校从投资经营角度分为自营和挂靠加盟经营。不管是哪种形式,驾校经营的主体元素离不开教练员,他就是我们产品的“加工设备”,这个设备的好坏、优劣、保养程度等,都关乎我们的产品质量。如果一个驾校只图索取,不积极保养我们的“生产设备”,无异于涸泽而渔。这个道理浅显,谁都想得到,但做到的驾校非常少,他们不用说是一年脱产一周来对教练员进行专项的素养、道德品质、专业技能的培训,就是几年甚至从业数年,都没有进行过类似的培训。这样的驾校存在,阻碍了我们整个行业的发展。

3. 驾校要积极面对改革

通过了解,各地针对国家改革相应的出台了一些规定,为学员培训和考试开了许多方便之门,学员不仅在学车时间上得到了充分的保障,在学车成本上也得到了实惠。而这些无规定的出台却给我们的驾校提出了一个如何应对的课题。

我们必须进一步加强自身建设和培训质量管理。不管国家和地方的考试政策如何调整,万变不离其宗的是培训质量及服务任何时候都需要保证,这个是我们驾校生存的根本,是不可或缺的。驾校的培训质量有保证,驾校的服务有口皆碑,市场的重心,是一定会向我们驾校倾斜的。比如餐饮行业的百年老店,由于其服务质量过硬,老百姓口碑好,所以可以独占鳌头。

4.“互联网+”的到来没有引起驾校的足够关注

“滴滴打车”来了,冲击了出租车市场。“滴滴学车”是不是即将到来,我们不得而知。通过走访调研,了解到,部分投资者明确认为,互联网的东西距离驾培行业还很远,需要了解和学习,尤其是我们的教练员手机不会使,电脑不会用,冲击我们现有的市场谈何容易。

但是也有的驾校,早在五年前甚至有的是十年前,就充分利用互联网,使驾校的运营和管理早早步入信息化时代。

三、几点看法和建议

(1)驾校应该将自身管理完全融入互联网中,比如建立公司网站、开发手机 APP 等。

(2)自身实力不足或综合管理能力欠缺的驾校,应该谋求转型或取舍经营。目前的驾培市场鱼龙混杂,良莠不齐,一味地追求现有模式艰难地求生存,我认为不是明智之举。有的地市驾校能够看清形势,不是转型就是转让了。做不了驾校综合经营业务的,可以发挥自身优势做驾校某一个环节的产品,比如专门拓展训练场和社会化考试场建设；专门接受教练员加盟，对教练员进行劳动用工的输出管理；专门出租教练车辆或开展接送学员业务等等。

（3）鼓励有实力的、综合管理强的驾校，整合自身资源，以建立成人教育学院为发展方向，拓展业务。我们的服务及产品，要涵盖得广而深。既然是交通领域的驾驶培训，我们就应该面向行业拓展经营范围，努力把自己打造成为具有综合培训能力的驾培机构。

简介

易振华，现任深圳市机动车驾驶员培训协会秘书长，广东省道路运输协会副会长兼秘书长。

深圳市机动车驾驶员培训行业协会成立于2004年6月，现有会员45家，深圳市所有驾培机构及社会化考试场都加入会员。全行业有从业人员一万余人，从业教练员五千多人，培训教练车五千余辆，年培训学员三十余万人。

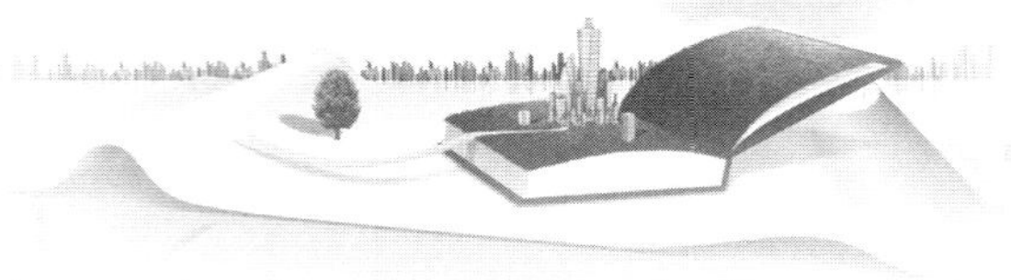

浅谈驾培行业如何应对机动车驾驶人培训考试制度的改革

新疆伊犁汽车城有限公司　许学晖

驾培行业培训考试制度改革的政策措施,犹如一股龙卷风,席卷了全国各个驾校。按照当前的形势看,中央调子已定,部门决心已下,各地开始动手,退路已经没有。在此情况下,驾校究竟如何应对,这是摆在全国驾培同行们面前迫切需要解决的问题。

一、对驾培行业考试制度改革政策措施的认识和理解

1. 驾培行业考试改革政策措施出台的历史背景

随着私家车的广泛普及,驾驶培训行业迅速发展,已成为重要的民生服务行业。但与此同时,驾培行业也逐步产生并积累了一些深层次的问题,如:重招生、轻服务的问题;重考试轻培训的问题;教练员普遍素质较低的问题;“吃拿卡要”等腐败问题。这些问题急需通过重大改革来解决。

2014 年 12 月 10 日,国务院办公厅转发公安部、交通运输部《关于推进机动车驾驶人培训考试制度改革的意见》,启动了驾培行业深化改革的进程。

2015 年,随着公安机关连续下发的关于驾培行业考试改革的政策措施,驾培行业开始逐步实行学员自主预约考试制度和驾照直考等模式。2 月中旬,《关于全面深化公安改革若干重大问题的框架》意见及相关改革方案经中央审议通过,框架中提出要改革驾驶人培训考试,实现驾驶人自主预约考试制度。这项制度的改革充分赋予了学员自主选择考试的权利,学员可以绕过驾校直接通过车管所互联网管理系统进行考试报名,不再是一切等待驾校做主的驾考时代。而紧随其后的是在 4 月 15 日全国公安机关改革办主任座谈会上,提出的小型汽车驾驶人自学直考、自主预约考试、异地考试等改革措施。

2. 本次改革的目标和原则

从中国交通新闻网记者对话交通运输部党组成员兼运输服务司司长刘小明中不难看出,本次改革的目标和原则为:一是学车更方便,培训更规范;二是驾校仍然是培训的主渠道;三是科学管理,向市场化要品质。

二、驾培行业面临的问题

驾培行业新的考试制度改革政策措施的出台,驾校将面临大部分生源流失致使利润缩水,甚至造成资金链断裂等问题。如果,驾校不能及时适应改革,提升差异化品牌建设,那么他们将会在这场由改革带来的行业动荡中被迫出局,致使行业重新“洗牌”。

三、驾校应采取的应对措施

1. 坚定两个信念

(1)坚信改革没有退路。前几年,当驾校经营开始走向低谷的时候,有人说“过去冬天就是春天”。其实驾培的“春天”已经永远不会再现。因为,市场有高有低才是市场。驾培历史发展至今,一直持高不下,就非常惠顾驾校投资者了,再想返回到旧日的驾培时代实则为“天方夜谭”。

(2)坚信只有改革才有效益。驾校必须适应时代需要,进行相应改革,才能抓住机遇,迎难而上,取得经济效益的持续发展,才能得以生存。习主席讲过,“我国改革已经进入攻坚期和深水区,进一步深化改革,必须坚定信心、凝聚共识、统筹谋划、协同推进”。驾培市场已趋近饱和,培训过剩渐渐凸显。同时,新增驾校又持续不断。驾培市场的改革是残酷的,但同时也是有机遇的,这种机遇不是别的,就是改革本身。

2. 驾校迫切需要改革的方面

(1)驾校运营模式将要进行改革。目前大部分驾校都不同程度地存在“报名、报考”重于“教学”的现象,这是不争的事实。尽管我们一直在谴责“应试教学”,实际目前连“应试教学”也够不上,有些私人小驾校充其量也就“驾考经济体”而已。当驾校与驾考不沾边的时候,驾校的运行模式要以教学为主,否则就面临着被淘汰。因此,驾校要通过改革措施,将教学回归到驾校的中心地位。

(2)教学方式要进行改革。驾考实行“自助约考”,一个考生什么时候学、什么时候考带有极强的自主性。过去常规式成批、成期的教学方式将逐步走下舞台。驾校要通过改革,实现更加灵活多样的教学方式。比如“一对一”、“周末班”、“夜间班”等。时间上、教学对象的数量上,都要有更加灵活的方式。“买方市场”已经来到,适应学员、满足学员、一切为了学员这是必然。你不这么做,有人会做,并且做得更好。

(3)服务意识和水平要进行改革。过去驾校教练员之所以“吃拿卡要”,因素很多,但主要动因在于教练员具有决定学员优先考试的权力。实行自助约考,教练员的特权被取消,剩下的就是提高培训和服务质量。驾校的核心竞争力在于教学和服务。每一个驾校,要想立足市场,除了教学就是服务。

(4)教练员队伍的管理和教育要进行改革。目前教练员队伍存在素质偏低,教学水平有限的实际现状,有从业资格证的教练员为数不多,而且教练员获得教练员从业资格证书的门槛相对较低,文化程度低、教学能力弱,职业道德操守还有待于进一步提高,真正有较高教学水平的优秀教练员更是凤毛麟角。落实驾培考试改革后,驾校的教学水平和服务质量将成为抢抓市场、获得经济效益的支柱性力量,依靠目前这样的教练员队伍去打一场深度改革的硬仗,企业将会付出惨痛的代价,甚至面临倒闭的危险。因此,教练员队伍的管理和教育必须要进行大刀阔斧的改革。

四、我公司针对新的考试改革政策采取的相应措施

伊犁汽车城有限公司现有职工260人,面对新的考试制度改革有着较大的生存压力,公司领导班子本着不等不靠,提前谋划,坚定改革的基本思路,在吃透新的考试制度改革政策主要精神的基础上,把全国驾培行业大的发展趋势与伊犁州驾培现状结合起来,全面推行改革,主要有以下几个方面:

1. 实行教练员工资制度改革

取消教练员基本工资制,按照教练员的培训量领取相应的报酬,干多少拿多少,彻底打破教练员吃大锅饭、混日子的念头,以此推动教练员的教学水平和服务意识,努力打造一支思想过硬、业务精湛、勤奋肯干的教练员队伍。

2. 坚持用人标准

选用驾驶和教学经验丰富、安全文明驾驶素质高的驾驶员担任教练员。存在有交通违法满分记录的、发生交通死亡责任事故的、组织或参与考试舞弊的、收受或索取学员财物的问题的人员不得被聘用为教练员。

3. 加强管理,建立教练员考核和退出机制,进一步优化教练员队伍

积极与伊犁州驾培行业管理部门取得联系,组织教练员参加再教育,加强教练员日常管理,建立教练员考核和退出机制,逐步清退学员投诉多、培训质量和职业道德差的教练员。

4. 建立以学员评价为主的服务质量监督和评价体系

学员可以在培训中或培训结束后,对教练员的服务质量和教学质量进行评价,倒逼教练员提高教学质量和提升服务意识。依托行业协会制定服务质量投诉、记录、奖惩、公示制度,建立教练员“黑名单”制度和“星级评定”制度,增加失信成本。

5. 进一步完善教学与服务硬件设施，为学员学车创造良好的环境

对培训车辆及场地进行更新，提供车辆免费接送学员。全面完善学员学车期间的休息场所，免费提供饮用水、座椅等设施，尽最大努力改善学员学车的环境。

6. 制定灵活多样的培训方式

本着方便学员的原则，一切从学员的愿望出发，一切以学员满意为标准，逐步建立预约培训机制，采取“一对一班”、“夜班”、“周末班”等灵活多样的培训方式。

简介

许学晖，现任新疆伊犁汽车城有限公司办公室主任。

新疆伊犁汽车城有限公司成立于1993年，属一级驾校，占地面积约700余亩，职工四百余人，培训车辆四百余辆，覆盖伊犁州八县一市，可培训所有机动车车型，陆续投资建设了一个B2以上车型科目二考场、两个C1类车型科目二考场、一个科目三考场、三个理论教学室。建校30年来，新疆伊犁汽车城有限公司秉承先进的教学和管理理念，以科学施教为中心，坚持优质服务、坚持严格管理，平均年培训量达到了三万余人，为新疆伊犁地区培养合格的机动车驾驶人做出了突出贡献，有力的促进了当地的经济发展。连续八年被新疆维吾尔自治区评为AAA级驾校，2013年被评为全国优质服务文明诚信先进单位。

对驾培行业现状与未来的几点思考

四川省长征机动车驾驶员培训学校有限公司　董　强

2016年，不仅是驾培行业政策变化最大、市场竞争最惨烈、经营工作最难驾驭的一年，也是互联网对传统驾培行业颠覆之年，驾培机构(以下简称驾校)如何面对挑战，如何实施变革，做到“顺势而为，赢在变革”，已是决定驾校生存和发展的关键课题。

一、驾培行业的现状分析

1. 资本加速流入，导致竞争日趋激烈

近年来受利益驱动，民间资本无序进入驾培行业，导致行业在提前进入微利时代的同时，面临加速洗牌的进程，不少驾校均感受到了前所未有的压力。民间资本快速流入，究其原因是经济的快速发展，人们生活水平的提高，汽车进入了千家万户，“学车热”也随之迅速升温，带动了驾驶员培训行业的快速发展。据相关机构预测，未来10年，年均汽车销量将保持在2000多万辆。根据每增一辆车需增1.8个驾驶员的概率测算，每年要新增3000余万驾驶人。因此，过去一些从事房地产业、矿业、汽车业的老板，敏锐地看中了这块“风水宝地”，转身投资驾校建设，致使这几年驾校的“投资热”持续升温。据统计，这两年申办驾校的数量超过规划发展数量的5倍以上，驾校数量增长更是迅速，仅3年时间，全国驾校培训机构增加近一半，教练员数量也翻倍。这不仅导致了产能的极大过剩，而且导致了行业的竞争加剧，不少驾校已处于经营难以为继的状态。

2. 场地达标建设，投资回报难达预期

各驾校为贯彻中华人民共和国国家质量监督检验检疫总局、中国国家标准化管理委员会联合发布的《机动车驾驶员培训教练场技术要求》(GB/T 30341—2013)，先后投入成百上千万元新建、扩建、改造教练场地，以实现增加教练车辆指标之目的。以成都市为例，2014年度，教练车数量仅1万余辆，2015年度教练场地建设验收后，全市教学车辆就

发展到2万多辆。按成都市每年60万左右的学员计算，单车年平均培训学员量仅20人左右，这样的生源量不仅难以支撑教练员的人力资源成本支出，而且很难实现场地建设、教学车辆及配套设施设备的投资回报。在教学场地的投资建设过程中，成都市各驾校为减轻场地投资压力，采取鼓励挂靠分校、教练出资建设教学场地，从招收学员的培训费让利给投资人等方式，可在僧多粥少的恶性竞争环境下，各驾校的学费已降到了难以支付人力资源成本和办公费的地步，导致这部分挂靠分校和教练员难以背负场地投资带来的资金偿还压力，这给社会稳定埋下了极大的安全隐患。

3. 低价格，导致高投诉

驾校的快速增多，教学车辆的成倍增加，导致教练员为能够及时招到学员相互压价，驾校之间也以低于成本的学费标准从教练员手中抢学员，恶性竞争不断地压缩投资者及企业合理的利润空间。特别是一些新办驾校和新入行的教练员为尽快收回投资，纷纷大幅压价扩大生源，时间一长老牌驾校也顶不住压力，只得跟风降价。就成都市驾培市场而言，2016年度个别驾校不计成本的拼价格、降费用，个别教练已打出了2500元拿驾照的广告，有的驾校甚至打出了一个学员收200元规费促销。加之运管部门难以出台有效的监管措施，物价部门难以出台有力的价格监督手段，导致招生价格失控现象越演越烈，平等竞争的市场秩序被打破。低价格又导致教练员只能通过降低培训质量和压缩培训学时来降低成本，驾校通过缩减员工、减少配套服务来降低开支。这样一来，学员培训质量的“缩水”，给道路交通埋下极大安全隐患，服务标准的降低导致学员在学车过程中怨声载道。个别教练员、驾校在低价收到学员后，更是采取行业主管部门三令五申明文禁止的加收培训费、提档费、场地费、长途费、服务费等手段实施“二次收费”，个别教练员甚至携款“消失”了，导致相关方面的投诉也居高不下，这不仅扰乱了市场秩序，而且影响了社会的和谐稳定。

二、驾培相关新政对行业的影响

1. 新政势必加速传统驾培变革步伐

从2016年4月1日起，公安部新修订的《机动车驾驶申领和使用规定》(公安部139号令)正式实施，这标志着小汽车自学直考、自主约考、异地考试办证、放宽残疾人学车考证等政策已尘埃落定。天津、成都等16个试点市(州)相继开展了小型汽车自学直考，从试点启动一个月的情况看，已有一些报考者顺利通过所有科目考试拿到驾驶证。虽各地方相关配套措施尚不完善，报名自学直考并不踊跃，但随着配套设施的进一步完善，群众对政策的进一步了解，自学直考虽不会成为学习驾驶技能的主流，也必将给驾校的经营管理模式带来重大变革。华东交通大学运输与经济研究所所长查伟雄说，汽车驾驶自学直考是未来趋势，世界潮流，更是一项实实在在的便民措施。业内人士也认为，自学直考是政府方便群众的重大举措，只要有关部门在试点基础上总结创新，通过细化配套措施，降低自学直考的费用，就能被人民群众认可接受。

2. 营改增势必对驾校财务管理带来变革

过去，驾培行业的税收一般采取定额或按教育培训行业3%的标准收取，因驾培属传统行业，税务部门也没给予高度关注，企业偷税、漏税、逃税、欠税、抗税、避税和节税等违法行为不同程度存在。此次新出台的营改增政策中，驾校属于生活服务业中的教育行业，增值税征收适用税率标准为6%。在我国法制比较健全和征管较为严格的今天，再想偷、漏税、逃税、抗税是十分困难的。这就要求我们对纳税进行重新筹划，对财务管理架构、记账科目、结算方式进行重新规划设计，使财务数据及管理真实反映企业的经营现状确保企业“依法纳税，合理避税”，否则经营者和企业将承担巨大的税务风险。

3. 居住证办理周期长势必造成外地生源锐减

2015年11月26日，国务院李克强总理签署《居住证暂行条例》，成都市《居住证暂行条例》也于2016年1月1日起施行规定自办理居住登记之日起至申领居住证之日止，连续居住满6个月，且符合规定条件的外来人员方可向居住地公安派出所申领居住证，这一政策的出台对一级城市的驾培市场影响巨大。就成都市而言，每年学车人群中60%以上是非本地户籍，也就是说，每年有近30万余人要通过居住证政策才能学车。居住证办理的复杂性和长周期，在给这部分学车人群加高门槛的同时，也浪费了学车人大量时间、精力及成本，仅学车成本增幅就极为明显。目前，成都居住证办理的价格已高达1000～2000元左右，大量黄牛在学员群和教练群进行网络叫卖，居住证的办理价格已经是学车费用的25%～30%，这不仅让中间的黄牛有机可乘，而且让个别素质不高的公务人员铤而走险。开放学习大型汽车户籍限制的政策初衷也是便民，学习小型汽车驾驶是否应受到居住证限制，值得负责政策顶层设计的部门商榷。

4. 车管所网络报名终端势必弱化驾校的渠道功能

互联网对传统驾培行业的颠覆，决定了2016年是驾培行业竞争最惨烈、经营最难驾驭的一年。成都市从7月1日开始，学员报名、缴费通过车管所网络平台终端机就可实现，这一举措虽方便了学员，但也弱化了驾校的管理和渠道功能，这意味着以前驾校在学员报名时收取的费用、服务费等费用将大打折扣或不复存在，更意味着对以挂靠为主的驾校失去了资源优势，其生存面临着巨大考验。

三、应对之策略

1. 练好内功是企业生存之本

过去几年的驾培行业是躺着挣钱、高利润的时期，也是质量低、服务差、乱收费等不良问题投诉率较高的时期，这是垄断行业的一个通病。驾校靠垄断赚钱，教练靠徒弟孝敬师傅获利、靠忽悠收费的时代已不复存在，驾校靠过硬的培训质量、优质的服务和良好的诚信才是生存之道、盈利之本。当然，高质量、优服务、讲诚信不是我们想干就能干起来的事，这需要投资人及经营管理者付出巨大的决心和投入。提高培训质量，是个系统工程，不仅包括教练员能力素质的提高，而且还需教学培训设施设备的不断完善（投入）和整套制度规章的建立健全，而这些又不是一蹴而就的易事，需要较长时间的厚积薄发。就高标准服务而言，不是过去认为的可有可无的东西，也不是过去师傅带徒弟的那种“不打不成才”传授，更不是那种一味低价式的“勾、框、锯”大忽悠。90后学车群体不仅有思想、有知识，而且有生活品位和法律意识，如果驾校还没有意识到必须炼好服务这一内功，那就会把本属于你的生源逼到其他的驾校。华为创始人任正非说“小企业做大，就得专心致志为客户服务，就是要认认真真、踏踏实实、真心诚意为客户服务。”我们的驾驶培训机构又何尝不是如此。就诚信而言，近年来，我们不少驾培机构和教练员因利益驱使而有损中华民族讲诚信这一传统美德，管理部门三令五申明文禁止的加收培训费、提档费、场地费、长途费、服务费等“二次收费”屡禁不止，愈演愈烈，这不仅损害了驾培行业形象，而且成为社会不稳定因素。“三杯吐然诺，五岳倒为轻”，这是李白《侠客行》中的诗句，也是诗人对后人的告诫。人无信不立，商无信不誉，市无信不兴，企业无信不昌，这就告诉驾校，务必严格执行行业主管部门的政策规章和《中国驾培行业自律公约》，以此培育企业的商业文明。这也是要求我们的驾培从业人员务必要提高自己的师德修养，模范遵守《公民道德建设实施纲要》和相关制度规定（如成都市交委提出的教练员五不准），筑牢培养过硬驾驶人是对学员和社会负责的思想。

2. 勇于挑战是生存之道

驾培行业是典型的传统行业，在面对新政时难免会处于被动地位，即使是强如戴尔、通用汽车这样的传统企业，也有过猝不及防的时候，但关键是我们以什么样的姿态，以什么的胆魄去作为。自学直考、车管网络终端直接报名等新政的实施，阻塞了驾校坐着收钱、躺着挣钱的渠道，驾校靠收规费的经营管理模式将很快成为历史。就试点之一的成都市场而言，规费收取数额已发生了难以想象的变化，2016年以前，驾校原人均规费标准在1000元至2000元之间（含学员考试费），但目前驾校人均规费降到了200元至400元之间（学员自交车管考试费），200元左右的规费标准不仅难以支撑驾校的正常运转，而且会严重影响企业依法纳税和合理的投资回报。驾校如何应对这一剧变呢？要改变原有的经营管理模式，从驾校的经营理念及架构上实施变革，以自营教学车辆为主的驾校，要合理调整经营班子、部门的设置及人员配制，对相应的职能责任进行重新梳理，对规章制度进行重新完善，严防“新瓶子装老酒”问题发生。特别是以规费为主要收入来源的驾校，必须调整挂靠车辆同自有车辆的比例，不能只搞挂靠无自有车辆，否则就会失去多年打造的企业品牌，失去分享培训市场这块大蛋糕，甚至最终会失去一切生存机会。类似成都这样以挂靠为主的驾培市场，不要片面追求大空，而应该从“小而美”上下功夫。首先积极发展自有教练车公司化经营，提高单车的培训水准与利润水平；其次是要改进服务内容形式，提高服务标准，坚持以学员需要确定各自的服务内容和相应标准，在加大硬、软件配套设施设备的同时，还可建立“学员快线”平台服务中心，第一时间为学员提供咨询、约训、缴费和解难释惑等服务，也可以根据学员需求提供个性化学车服务；再次是在培训模式上要力改过去众多学员一个车、层次不同“一锅煮”的传统培训，根据学员具体情况制定教案、明确学时、推荐教练、确定强度，使一对一教学成为驾培行业的新常态。

3.“互联网＋”是发展的助推器

过去，驾校彼此之间的生源争夺大多是通过学校品牌和教练的关系网来展开，随着网络信息科技的运用发展，智能手机的普及，互联网终端已深入到驾校的方方面面，而且逐渐成为驾校生源的主要渠道。近两年，不少互联网企业和创客为分享驾培行业应用软件开发这块蛋糕，开发出了众多智能手机 App 和驾校管理 ERP 系统，虽被驾培机构接受者甚少，但对驾培行业实现网上报名、网上查询、网上约训约考、驾校日常管理等起到了极大促进作用。有的软件还发挥了强大的招生、预约功能，特别是交通、公安新研发出的网络平台，极大地发挥了为民、便民、利民的服务功能。

成都市车管所 7 月份即将推出的网络终端报名，在给学车人群带来众多方便实惠的同时，也将给驾校带来不小的冲击，如何做到顺势而为，是摆在驾培行业的又一重大课题。这就要求我们改变过去驾培行业科技含量低，对人员素质要求不高的错误思维定式，加大员工互联网知识普及教育力度的同时，要舍得投入资金使用切合自身实际的运营管理系统和服务学员的平台软件，并有计划地招聘、储备相关技术人才。与此同时，我们要善用互联网，做好“互联网＋”这篇文章，可以同多种资源合作，提供增值服务（如与汽车媒体、汽车后服务商家的合作），从而拓展企业宣传和招生的渠道。特别是在车管报名网络终端开通后，网络的宣传及互联网招生平台的合理布局将显得尤为重要，这就要求我们充分利用现有网络平台，建立起更加透明化的信息体系，让学员能更好地了解我们的驾校、教练、车辆、场地，让学员通过网络评价我们的驾校、教练及每次学车过程。

简介

董强，第四届中国道路运输协会驾驶员工作委员会委员，四川省道路运输协会驾培专委会副主任，四川省交通厅运管局专家库成员，四川省长征驾校董事长。

四川省长征机动车驾驶员培训学校有限公司（简称：长征驾校）经过近 20 年的建设

和发展，现有教职员工一千余人，服务门店和训练基地遍及成都市主要区（市）县，教学车辆七百余台，训练场地逾千亩，年学员培训量达四万余人。长征驾校具备一级驾校资质，拥有一支业务精湛、治学严谨、品德高尚的教学队伍，连续多年被评为行业最高级别AAA级驾校。长征驾校始终秉承“廉洁教学、质量为先”的办学方针，近年来随着交通环境的变化和培训考试要求，学校在成都市驾培行业率先推出“长征e驾”计时计程培训新模式，完全摒弃了过去传统的“师带徒”学车观念，学员通过电话与网络自主选择教练员、自定学习时间，从模式上保证了“学员把教练当朋友，教练把学员当亲人”的和谐关系，让学员真正感受到了学车的乐趣与星级服务。

管理经验

认清当前形势　转变思维方式
保障驾驶员培训市场有效供给

湖南省怀化市机动车驾驶员培训管理处处长　欧家友

随着我国经济社会的不断发展,产业结构调整的不断推进,第三产业在国民经济中的占比增加,三产服务业蓬勃发展。道路运输作为第三产业发展很快,其中的驾培行业更是发展迅猛。但是行业发展过程中还存在一些亟待解决的问题,需要我们认真思考、积极应对。为此,国务院以问题为导向,加大改革力度、强化驾培、驾考顶层设计,去年底,出台了《关于推进机动车驾驶人培训考试制度改革意见的通知》(国办发〔2015〕88号)。目前,全国有16个城市正围绕国务院88号文件精神全面推进改革,为主动适应新形势,笔者认为,当务之急不管是驾培驾考管理部门还是驾培机构都应该认清当前形势,转变思维方式,才能推进工作创新,保障驾驶员培训市场的有效供给。

一、认清当前形势

近年来,出台的驾培、驾考政策法规较多,梳理一下主要有以下几项:新修订的《中华人民共和国机动车驾驶员培训管理规定》(交通运输部51号令,2016年4月14日部务会通过);新出台的《中华人民共和国机动车驾驶证申领和使用规定》(公安部139号令,2016年4月1日实施);2014年6月1日开始实施的两个国标;国务院办公厅转发公安部交通运输部《关于推进机动车驾驶人培训考试制度改革意见的通知》(国办发〔2015〕88号)。

出台新的政策法规,就是要适应新的驾培驾考市场形势,解决行业存在的突出问题。目前,驾培驾考行业存在的主要矛盾有以下几点:

(1)社会需求和有效供给的矛盾(包括培训和考试两个方面)。

(2)发展速度和培训质量的矛盾。

(3)现代治理能力和传统管理方式的矛盾。

这些矛盾相互作用致使驾培市场出现了很多问题,主要包括:

(1)学车难,这里讲的难不是没有车学,而是难在学车的差异化需求不够,学车时间自己不能做主,学员收到的学车信息严重不对等,消费不透明,一个驾校学到底、一个教练员带到底的情况突出。

(2)应试教育情况突出。考什么学什么,学车围着考试转,教学大纲执行不到位,培训质量亟待提高,取得驾驶证后不敢开车的现象普遍存在。

(3)计时收费和培训脱节。我省驾培收费标准市场化以后,各驾校公示的收费标准是按照培训课时计算的,而实际的培训时间并没有按照规定的课时培训。有的驾校或者教练员低价招揽学员,培训或者考试过程中巧立名目再收费,片面追求经济效益,学员怨声载道,社会负面反响强烈。

(4)管理方式落后,有的驾校以包代管,教练员单打独斗、散兵游勇,安全隐患多,管理粗放问题较多。行业管理力度不大,治理能力有待提高。较快的发展速度和传统的滞后的管理水平不相适应。

(5)从业人员整体综合素质较低,教练员"吃拿卡要"现象时有发生,行业社会差评较多。这些矛盾和问题由来已久,有的还很尖锐很突出,在整个行业带有普遍性。我们要清醒地看到,问题的形成在我国经济社会发展过程中有其必然性,所以,解决这些问题应该遵循事物发展的客观规律,把单个行业放到整个社会经济发展的大格局中来探讨。正因为如此,国务院以问题为导向,二年来先后出台了包括培训和考试制度改革意见在内的一系列的相关文件,力求通过加大改革力度来解决问题。

众所周知,我国各行各业的改革已到了"深水区",根据上述一些行业背景,国务院在驾培驾考改革意见中已经明确一个改革框架,那就是"学员学习驾驶过程中,教练不行换教练,驾校不行换驾校,驾培市场不行干脆换自学"。很多人对驾培自学不理解,其实这是有法律依据的。《行政许可法》第五十四条规定"行政机关或行业组织不得组织强制性的资格考试的考前培训",《中华人民共和国道路交通安全法》第十九条规定"申请机动车驾驶证,应当符合国务院公安部门规定的驾驶许可条件;经考试合格后,由公安机关交通管理部门发给相应类别的机动车驾驶证"。由此可见,法律并未明文规定申领机动车驾驶证必须进驾校学习。自学既然合法,又有市场需求,必然打破驾校一统天下的培训模式,这是对驾校传统培训模式的挑战,也是对驾培市场的有益补充。新形势下,驾校和教练员能否留住学员、立稳脚跟、收获效益,是摆在驾校和教练员面前的一个重大课题。

二、转变思维方式

思路决定出路。党的十八大提出"两创",也就是"大众创业、万众创新",2014 年 10

月，国务院55号文件中要求将驾校许可改为后置许可，即把之前的“先证后照”改为“先照后证”。一年多来，驾培市场进一步全面放开，越来越多的社会资金进入驾培市场，发挥着市场配置资源的决定性作用，激发了市场活力，促进了行业的发展。我市三年来由28所驾校增加到55所，目前在建的有5所，3年内驾校数量翻了一番，而科目二、科目三考场一直分别只有一个。驾校数量的剧增和考试场地发展缓慢的对比，让很多驾校负责人或者教练员把更多的精力倾注到较为稀缺的考试资源上去，无心抓教学、抓管理，甚至于忽视了培训主体责任。随着我国驾培、驾考改革意见的落实，驾培、驾考供给侧结构改革必将深入推进。优化有效供给，淘汰或者压缩落后的供给，将倒逼驾校适应新形势加强管理。

驾校作为市场主体应该主动作为，积极承担起培训主体的责任。驾培行业属于新兴的道路运输业，应该是“服务业”中的“服务业”。从今年全国交通工作会议关于交通运输供给侧改革内容来看，驾培市场的供给侧改革和道路运输市场供给侧改革的整体线条一致，2016年2月3日，国务院印发《关于第二批取消152项中央指定地方实施行政审批事项的决定》，其中第113项提出取消“机动车驾驶员培训教练员从业资格证”。这是中央关于简政放权的一项重大的改革措施，我们必须正确的认识。取消了教练员从业资格证，是取消了不符合行政许可法规定设定的从业认证，不等于取消教练员这个职业和岗位。教练员从业资格证的取消，给了驾校选择教练更大的自主权，是管理和认证权的回归，也增加了教练员自身就业的危机感。驾校生态环境将大为优化，优胜劣汰必将成为新常态。作为驾校校长，必须转变思维方式，变“要我管理”为“我要管理”，实践证明，驾校成在经营、败在不管理、输在不学习。怎么强化经营和管理，现在行业内有很多探索，包括连锁、重组、股份合作等，其目的就是要创建品牌、做大做强、便民利民。

新的形势下，作为行业管理部门，同样需要转变思维方式。党的十八届三中全会通过的《中共中央关于全面深化改革若干重大问题的决定》明确提出，“全面深化改革的总目标是完善和发展中国特色社会主义制度，推进国家治理体系和治理能力现代化”。从传统的“管理”到现代的“治理”的跨越，虽一字之差，却是一个“关键词”的变化，是治国理政总模式包括权力配置和行为方式的一种深刻的转变，也是生产力对生产关系、经济基础对上层建筑的必然要求。我们要把过去自上而下的传统管理思维模式迅速的转变到上下结合、部门配合的现代治理思维模式中来，加强学习，不断提高行业治理能力和水平。

三、推进工作创新

推进工作创新并不是另辟蹊径，而是要认真执行抓落实，关键是全面贯彻实施改革意见。我们应该把推进驾培工作创新的重点放在认真落实公安部、交通运输部《关于推进机动车驾驶人培训考试制度改革的意见》上来。这个改革意见来之不易,其目的是通过全面深化改革力求达到"强化驾培机构的主体作用,强化政府事中事后监管,推动驾培行业转型升级,为人民群众提供更加便利、规范、经济的驾培服务"。要搞好《改革意见》的实施,还有很多具体的基础工作必须完成。其中,最重要的方面:一是要尽快启动计时培训管理工作。过来我们在这项工作上在全省排位靠前,也取得了阶段性成效,但是,总的看来,我们现在的启用工作不理想,已装的设备时间长了开始老化,有的可能不能正常使用了。系统的调试跟进不力,没有发挥科技引领提高管理水平的效果。对此,我们要进一步深入驾校了解情况加强调研,学习外地运营管理经验,加强和考试部门配合,强化专项工作调度,推进驾校管理行业治理工作科技含量的提升。二是要积极引导驾培机构优化驾培收费管理模式。传统的"先收费再培训"模式在不同的地方已经出现了很多弊端,直接侵害当事人的合法权益,引发社会不稳定因素,必须引起全行业的高度重视。我省驾校经营者携学员培训费"跑路"和承包车教练员携学员培训费"跑路"的情况时有发生,严重影响行业的诚信度。究其根源是收费方式单一。因此,我们要积极推进"先学后付"、探索"托管收费"等多种有效的防风险的培训收费管理模式,达到既有效管控资金风险,又让学员明白消费的目的。三是要积极发挥行业协会等中介机构的桥梁纽带作用。过去行业协会等中介机构在加强管理部门和驾培机构之间的联系,促进行业自律方面做出了很多有效的工作。新形势下,特别是在目前这个行业转型升级的过渡期,加强行业的正面宣传、积蓄行业正能量、强化行业自律等方面,行业协会等中介机构可以发挥更大更好的作用。四是要按照新修订的《机动车驾驶员培训管理规定》的规定,在省驾培办的统一部署下,对全市在岗教练员进行一次全面清理。对经驾校认证的教练员核发新的身份认证标识,并督促驾校依法履行劳动用工相关规定,启用省市县三级计算机管理协同系统,完成在岗教练员信息登录,进一步强化从事教练岗位工作人员的动态管理,为全面贯彻落实改革意见做好准备。

总之,笔者认为,宣贯实施改革意见是驾培、驾考行业的一次深度改革,也是进一步规范这个行业的当务之急。我们要摒弃传统的落后的思维模式,认清当前形势,转变思维模式,创新工作方式,才能保障驾驶员培训市场有效供给。

简介

欧家友,男,1967年3月出生,汽车运输工程师,现任湖南省怀化市机动车驾驶员培训管理处处长。

1997年9月至今从事驾培行业管理工作14年(2003年3月—2008年7月任怀化市运管处办公室主任),

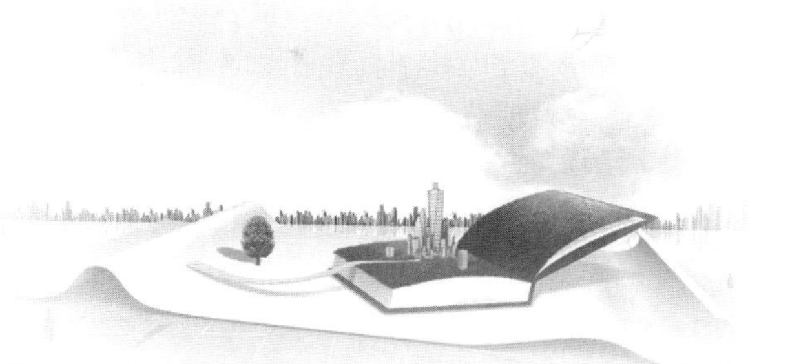

论预约点单学车模式中的科目三训练安全管理

阳光易驾投资管理有限公司　何　伟

随着经济的不断发展,外部道路设施条件也在不断改善,但行车环境却变得越加复杂,这也对驾校的安全工作提出了新的挑战。港城驾校从 2011 年 11 月推出了“阳光 e 驾”预约点单驾培新模式,开启了智慧驾培的大门。在进行科目三外部训练时,“阳光 e 驾”与传统驾培不同之处在于框定训练区域和规定训练时间。从驾校角度看,安全工作由驾校全面管控,对管理层的要求较高;从教练角度看,因指定训练区域,对训练道路比较熟悉易造成麻痹思想;从学员角度分析,存在两个难以调整:一是学员训练进度相对固定,难以调整,二是学员训练时间固定,难以调整。本人作为阳光 e 驾城东分校的管理者,根据科目三的训练要求,教练员的信息反馈,结合自身的管理经验,试从道路类型、天气情况等方面,分析影响科目三驾培安全的因素。

一、练车区域道路主要类型

按照道路承担的车流量可分为主要交通干道、一般干道及混合道路。

(1)主要交通干道。主要交通干道是城市道路系统的骨架,联系着城市主要工业区,住宅区等全市性公共活动场所,负担城市的主要客货运交通,代表性的道路为东二环路。

(2)一般干道。一般干道是城市中数量较多的普通交通干道。由主干道引出,分布在城市各个区域,负担主干道上交通的集散和区域内主要客货运交通。一般干道通常不设立体交叉,部分交叉口可以扩大和分化,代表性道路为东苑路。

(3)混合道路。混合道路是联系主次干道与各交通源的道路,一般没有或只有一条道路中间线,没有非机动车道,机动车和较多的电动自行车、自行车混合行驶,如塘市街道等乡镇道路。

按照道路所在地的情况,又可分成市区道路、乡镇道路。市区道路一般标线较为清晰，路口较为规范，行人、非机动车、机动车各行其道，交通信号等设施较完备，违章监管力度较大，秩序良好。乡镇道路一般标线模糊，行人遵守交通规则的意识不强，道路沿线开口较多，在上班及下班高峰时，非机动车占用机动车道情况较普遍。

按照道路功能来划分，可分为普通路段及特殊路段。

二、各类型道路交通特征及应对方法

1. 在主要交通干道上训练

主要是要注意周边车流动态。以东二环路为例，双向六车道，沿途有居民小区、工厂企业、卖场等，车流量很大，尤其有很多的大型货车经过且车速较快。教练车在此种道路行驶，一是应保持较大车距，尽量与大货车保持较远距离。二是通过路口时，周边交通情况、交通灯信号会被大车遮挡，应仔细观察，预防行人突然窜出及闯红灯现象。三是不要突然减速，防止后车追尾。

2. 在一般干道训练

先看一个事故案例：2016年2月28日下午13时，教练员何某某带领学员进行场外训练，于东苑路由北向南行驶至暨阳路口左转弯，该路口左转和直行同时放行。绿灯亮时学员起步，避让对向直行车辆直到红灯亮起，然后学员左拐，但认错车道，拐到了绿化带左边的道路，教练员向右拉了一把方向，造成和暨阳路由西向东的直行车辆相擦，造成对方车辆轻微损伤。从这起事故我们吸取了一些教训，在一般干道训练时要特别注意路面情况的变化，包括对向来车、电动自行车、行人等。还有就是此种道路路口左转弯和直行存在同时放行的情况，通过这种路口要特别注意交通信号灯的变化情况以及交叉路口的直行车辆。

3. 混合道路训练

混合道路交通情况杂乱，道路拥挤，经常有横穿的行人、电动自行车，在此种道路练车一是要合理控制行驶纵向间距和行驶横向距离。二是在会车、让车或超车过程中，教练员必须根据车辆的位置、车速、道路、地形等变化情况，照顾到前后及两侧的情况，调整自己的车速和与他车的向距离。

4. 市区道路训练

市区商业繁华地段，路边经常有车辆停靠，有时甚至是突然靠边停车，非机动车及行人也较多，训练时要控制好车速，要加强路面情况的观察，谨慎驾驶，注意避让，行驶时要注意横穿马路的车辆和行人。

5. 乡镇道路训练

乡镇道路两侧岔路口较多，进出行人、电动自行车、摩托车很多，特别是上下班高峰期，行驶时要注意出入厂区和横穿马路的车辆及行人。以“阳光e驾”（圆智）金港分校为例,在早晚上班高峰期,电动自行车、摩托车汇入巨大的车流,占领了大部分的机动车路面。所以,驾校要求在7点至8点,17点至18点之间进出驾校时,必须由教练员负责驾驶车辆,保证安全。部分乡镇道路还存在非机动车隔离带绿化过高的现象,造成行车盲区,通过时要提前减速、注意观察。

乡镇道路上交通参与者的交通安全意识较差,违法行为普遍存在,争道抢行、闯红灯等现象时有发生,在路口看到绿灯亮起时,不要盲目加速,要注意是否有车辆和行人正在抢行或闯红灯,确保安全后再谨慎通过。

6. 通过环岛

环岛是交通事故的多发地点,通过时应谨慎驾驶,提前减速,观察左侧已进入环岛的车辆,适时汇入。驶出环岛时,严禁从内侧车道驶出环岛。

7. 通过学校、小区

通过以上路段需注意儿童可能会突然横穿马路,应降低车速至随时可以停车。

8. 通过公共汽车站

从停在车站的公共汽车旁驶过时,需注意行人可能会从停止的公共汽车前面跑出以及公共汽车突然起步,所以应仔细观察,减速行驶。

9. 通过桥梁

(1)通过桥面宽阔平整的桥梁时,可按一般道路驾驶要领通过。在通过较窄的桥面时,要克服麻痹思想,一定要减速通过,不能在桥上高速行驶,更不要超车、掉头。

(2)注意通过狭窄桥梁时,应看清前方是否有来车。若桥面会车有困难,就不能冒险会车,应提早主动在桥头宽阔地段停车等候,不要抢行,在桥头不要紧急制动,严禁高速过桥。

(3)注意通过拱形桥时应多鸣喇叭,随时注意对面来车和行人情况。车行至桥顶要踏起加速踏板,减速下行,同时注意观察桥下情况,随时做好制动准备。

拱形桥梁还需注意冬天桥面上会有薄冰,通过时应提前减速,不能在桥面上加速或紧急制动。

三、恶劣气候下的训练

由于科目三场外训练时学员置于开放的道路环境下,遇到雨、雪、雾等恶劣气候,道路环境会发生变化,对安全管理带来影响。此时的训练应严格遵守公司规定,减速慢行或停止训练。无论雨、雾、雪天,当能见度低于50米时,必须停止训练。

1. 雨天训练

(1)雨天训练时教练员应观察道路情况,降低车速,加强预见性措施,尽量避免紧急制动,急打方向,增加与前车的安全距离并指示学员进行观察。

(2)教练员应特别注意行人与非机动车的动态,刚下雨时,许多行人因未事先带好雨具,横穿马路时低头猛跑,在车辆中间乱窜而忽视交通安全。骑车者由于穿上雨衣而遮挡视线,因此在雨天行驶必须集中注意力,观察行人与非机动车的动态,防备他们突然横窜致使措手不及,此时应降低车速,随时做好应急准备。

2. 雪天训练

(1)冰雪路训练时,教练员应仔细观察道路交通情况并提醒学员观察,增大与前车的安全距离,谨慎驾驶,减速慢行。

(2)会车时教练员应先观察道路交通情况并指示学员进行观察,选择安全地段,提前避让,必要时也可停车让行。

(3)教练员应提醒学员不可猛抬或急踏加速踏板,尽量利用发动机的牵阻作用减速,必要时可采取预见性制动或越级减挡减速。

(4)转弯时教练员要指示学员提前减速,尽量增大转弯半径,转向盘要早转、少转,以防侧滑。

3. 雾天训练

(1)教练员要高度集中注意力,增大与前车的跟车距离,指示学员适当多鸣号以引起车辆与行人的注意,要充分利用各种灯光提高能见度,确保安全行车。

(2)当能见度低于200米时,车速不得超过40公里/小时;能见度低于50米,车速不得超过20公里/小时。

四、科技手段的应用

1. GPS平台的应用

(1)监控教练车车速。驾校管理者可以利用GPS检查教练车车速,对超速的教练车和教练员予以曝光并进行批评。

(2)监控科目三训练范围。交通管理部门一般都会对教练车的训练范围做出限制,通过GPS平台驾校管理者可以知道每一辆教练车的运行轨迹和范围,可以有效掌控教练车的运行。

另外,驾校管理者还可以在平台中设置一些地点,规定这些地点是科目三训练必须经过的或是禁止经过的,这样,既可以避免有些教练员只在道路条件好或无行驶车辆的路段训练,确保了科目三训练科目的完整性,又可以远离一些危险区域,确保安全。

2. 车载视频监控系统

配备车载视频监控系统的教练车上装有三个监控摄像头。一个监控教练车行驶的正前方,一个监控学员位置,一个监控教练员位置。

(1)监控教学过程。通过车载视频监控系统,驾校管理者可以对整个训练的过程,教练员的服务态度、教学方法、沟通能力做到有效掌控。教练员是否存在违反安全行车规定的行为自然也一清二楚。

(2)记录事故经过。车载视频监控系统可以记录事故发生的经过。交通管理部门可以通过事故监控视频做好事故责任的划分。驾校管理者也可以组织教练员观看事故监控视频,发生在身边的事故对教练员的触动更深刻,能够更好地吸取教训。

以上从道路类型交通环境和在特殊恶劣气候下形成的道路环境两方面,探讨了驾培安全工作与场外道路情况之间的关系,并分析了应遵循的原则、注意的事项以及如何利用科技手段保障驾培安全的一点想法。

在阳光 e 驾指定训练区域、一人一车、预约学车、自定时间、自定进度的学车模式下,进行科目三场外道路训练必须遵守以下几点:

(1)驾校在指定科目三场外道路训练区域时,需要综合考虑训练效果与道路情况,制订详尽的教案与预案。在实施训练计划时,更要结合实际的道路与天气情况。在与学员作好解释工作的前提下,对于不适合由学员驾驶的路段,必须由教练员亲自驾车,对于不适合训练的天气,坚决停止训练。

(2)道路环境千变万化,教练员严格执行教案,落实安全要求,集中注意力,认真观察,杜绝麻痹思想。

(3)应加强对教练员的培训教育,增强教练员的教学理论素养,在教学过程中能适应不同的道路环境,对学员做出正确的操作指导,并给出必要的理论说明,帮助学员提高行车安全技能。

安全是驾校的基础和命脉,我们每一个教练员都应提高对安全行车的认识,把安全行车放在一切生产经营活动的首位,借前车之鉴,时刻绷紧安全这根弦,牢记事故教训,做到警钟长鸣。以上是本人对于新模式下,科目三驾培训练与场外道路关系的一点浅见,不对的地方,还请批评指正。

简介

何伟,企业培训技师,分校经理。

苏州市阳光易驾投资管理有限公司坐落于张家港市,成立于 1989 年,经营范围包括驾驶员初证培训、交通从业人员资格证培训、交通行业员工技能培训等。驾校现有 A1、A3、B2、C1、C2、C5 各类培训车辆 331 台,其中用于阳光 e 驾预约点单新模式培训车辆 226 台。下辖机驾人员培训中心(传统模式)、港城交通职业技术学校、阳光 e 驾云南圆智驾驶员培训有限公司,以及遍布张家港市区及中心乡镇的十余所阳光 e 驾新模式驾校。

2011 年,阳光易驾管理团队创新模式,抢抓机遇,培育了全国驾培行业知名品牌——阳光 e 驾,被誉为“驾培时代的江苏范本”。驾校先后获得“全国文明诚信优质服务驾校”、“江苏省信誉 AAA 驾校”等殊荣;驾校原创的“阳光 e 驾”服务品牌被评为“江苏省交通行业十大优质服务品牌”。

新形势下机动车驾驶员培训行业管理探索

嘉兴市道路运输管理局　夏雪亭

随着经济社会的发展，驾培行业已成为社会十分关注和人民群众利益密切联系的民生行业。国务院将“先照后证”作为简政放权、转变政府职能的重要手段，其中驾驶员培训机构也列其中。此政策明确了登记部门的工作配合责任，也进一步明确了许可部门的审批责任与监管责任，行业管理如何把握驾培行业发展重要战略机遇期，继续保持驾培经济平稳较快增长的势头，不断提高发展质量和培训质量，已成为当前亟须研究探讨的课题。

一、全市驾培行业发展现状

1. 机动车驾驶员培训情况

截至2015年年底，我市共有机动车驾驶员培训业户53户，全年完成机动车驾驶员培训18.01万人。按照我市驾校培训近三年的人均价格测算，“十二五”期间市场规模近30亿元。“十二五”期间，我市机动车驾驶培训完成情况，见下图。

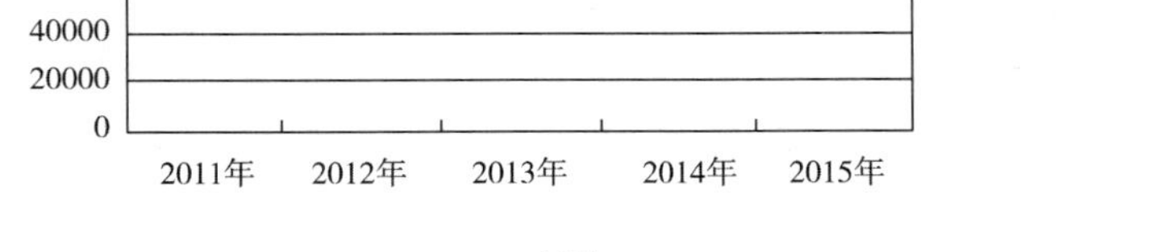

2. 市场构成

(1)培训机构规模及类型。截至2015年年底,嘉兴市共有驾培机构58家,其中理科中心5家,驾校53家;按培训机构级别分,一级驾校11家,二级驾校30家,三级驾校12家。据统计,"十二五"期间驾校业户数同比"十一五"期间增长近50%。

(2)驾培教学场地设施设备。截至2015年年底,嘉兴市共有教练车3499辆,其中大型客车5辆,中型客车1辆,大型货车6辆,小型汽车3411辆;拥有训练场地124个,面积1452971平方米,据测算,我市驾校平均车辆数为65辆/户,平均教练场地面积为27414.5平方米/户。

(3)驾培从业人员。截至2015年10月底,全市共有驾培行业从业人员4180人,其中理论教练员134人,操作教练员3583人。按照全市教练车测算,全市理论教练员占全市教练车总数的3.9%,操作教练员与教练车总数比为1:1.19,全市教练员人数充足。

3. 近年来管理成效

一是标准化建设达标,按照国标要求,全市驾培机构基本完成达标建设,驾培机构软硬件再上台阶;二是信息化程度提升,全面升级驾培计时管理系统,同步上线嘉兴市机动车驾驶员培训公众服务平台,构建了从车载终端数据、管理平台、公众服务多位一体的智慧驾培体系;三是特色化服务探索,驾培机构在传统学驾模式的基础上,试点开展先培训后付费学驾模式,以学员需求为主导,引导个性化服务拓展。

二、驾培行业管理矛盾剖析

1. 着力许可,行业科学规划指导缺乏

一方面,根据交通运输部部令及国标等依据严格审批条件,对新申请的驾校土地使用、教练车准入、硬件配套设施和人员配套等关键环节上进行严格把关。尤其是2014年新颁布两项国标后,立即开展对照排查,督促各驾培机构严格依据国标要求进行整改。另一方面,由于驾培行业蕴含的商机已被市场认可,越来越多的主体进入驾培行业,行业规模迅速膨胀,与此同时,新增的驾培机构因片面化的追求经济利益,忽略了规范教学、有序管理等,导致服务质量参差不齐,学员投诉攀升等现象,驾培行业缺乏整体的发展布局规划。

2. 只提要求,政策执行延续性薄弱

一是行业法律法规缺失夯实支撑。驾培行业管理虽然有《中华人民共和国道路运输条例》、《浙江省道路运输条例》、《机动车驾驶培训管理规定》作为监管依据,但规定中针对驾培机构、教练员的罚则较少,制约了对违规主体及违规行为的监管手段,致使行业管理部门在实际开展管理工作中,管理实效不明显。二是管理部门监管缺乏有效手段。驾培行业目前已从原有的手工记载培训记录转为车载计时终端录入指纹后产生电子培训记录单的方式,在使用初期,该方式对驾校压缩学时,伪造培训记录等行为起到了较好的监管作用,大大规范了行业培训质量,为实时培训提供了科技管理手段,但随着使用时间的推移,个别驾培企业为获取最大利益,不断“开发”相关应付的技术方法,进行学员学时造假等问题,管理成效大打折扣。

3. 重视监管,行业转型升级引导不够

目前,我市的驾培行业市场鲜有公车公营,集约化经营模式,驾培机构往往采用接受教练员购置教练车辆等变通的方式达到开业条件,开展实质经营。该模式经营的重点在于收取驾校管理费,忽视了对教学质量的监督评估,企业管理者对企业发展改革创新缺乏理念。在行业管理部门实行监管同时推行行业创新思路时,如“先培训、后付费”模式中、品牌化发展道路等,驾培机构往往思维定式,框固在传统的“守株待兔”模式中,探索行业创新的主动性极其缺乏。

三、培行业管理对策研究

1.“取势”,创新管理机制

(1)科学发展,稳中求进。随着驾培行业市场化程度深入,越来越多的社会资本开始进入行业,对行业管理提出更高的要求。一方面,要统筹规划、合理布局,为驾培行业健康发展提供保障。要科学预测、合理规划布局,坚持便民利民与良性发展的原则相结合,通过规范机动车驾驶员培训主体,严格驾培市场准入制度,一律按“新国标”执行审批,建立市场竞争机制和退出机制,淘汰无序挂靠经营的零、小、散、弱型驾培机构,规模发展集约经营型与质量效益型驾培机构,实现驾培行业速度、规模与质量、效益相统一的发展方针。另一方面,严格加强现有驾培机构的事中事后监管,要严格按照“新国标”的要求,对老驾校的车型、数量、驾校规模与其训练面积、教学设施、设备以及教练员等内容进行跟踪式审核,凡在审核过程中不达标的要限期整改,确保驾培机构硬件、软件的常态化规划。

(2)破而后立,打破藩篱。一是打破传统教学模式框架。引导建立驾培行业探索服务为本的理念,建立服务承诺体系,以市场需求为导向,根据不同层次的学员需求,开展多样化、个性化的培训服务,如:推行“vip 式先培后付”学驾服务,驾培机构提供“一人一车”“学驾预约”“定点接送”“陪送驾考”等特色服务项目,打造驾培机构服务“教学标准化”、“服务差异化”;二是改革机动车驾驶培训费收取模式,探索建立新形势下驾培行业培训费收缴制度,防范培训费用的资金挪用风险,提高行业防风险能力,切实维护学员利益,完善危机处置机制。三是公开学员评价信息。对驾培机构以及教练员建立学驾过程的评价体系,以学员评价为抓手,提高驾培机构教学、服务及行风。

(3)顺应形势,战略转型。一方面,引导企业自主转型。目前机动车驾驶已从职业技术转化为生活必要技能，年轻人持有驾照和计划考取驾照的比例逐年升高，在行业管理过程中，要引导驾培机构专门针对当今驾培行业受众主体，创新服务模式，营造培训方式多元化，服务模式大众化，学驾模式智能化，付费模式透明化，从而使驾培机构适应社会发展的需求，实现“因材施教”，促进驾培行业与时俱进，保证驾培行业的大发展，大繁荣。另一方面，加大对经营性教练场的扶持力度。鉴于土地资源紧张的现状，教练场分散用地造成土地资源浪费，可鼓励有条件的驾校改建或扩建经营性教练场地，提高土地利用率，也可参照站场投资模式，争取政府资金支持。

2.“明道”，完善管理体系

(1)确保驾培机构质量管理为本，安全高效。运管部门要从源头抓起，强化驾培机构培训质量管理。一是督促驾培机构加强安全管理，加强对驾培机构培训行为的监管，牢固树立安全为本的意识，杜绝训练事故发生。二是按规定培训，确保学时落实。坚持按纲施训，细化基础管理。实现学时管理制度化、规范化。三是突出从业培训质量管理，端正教学培训态度，从简单的“应试拿本”的教学模式转为“安全驾驶”的灌输传教，建立质量安全责任制，把培养合格驾驶员的安全责任落实到每个驾校、每个教练员头上，将“教学”回归行业的中心地位。

(2)倡导驾培机构服务提升为先，和谐发展。管理多措并举，促进驾培机构良性发展。一是通过行业整治并严肃查处投诉，提升教练员队伍素质和加强学员的维权意识。二是结合自主约考、先培后付等驾培新模式的实施，从体制上摒弃过去驾校教练员存在的“吃拿卡要”现象，剥离驾培机构及教练员的约考特权。三是营造驾培机构服务竞争氛围，将驾培机构的教学和服务上升为行业核心竞争力的体现，在驾培行业面临市场化导向引领的形式下，企业负责人要建立“要生存先要拼服务”的发展理念。

(3)强化行业管理制度建设为重，规范统一。从宏观上，驾培行业管理要根据国务院《关于“先照后证”改革后加强事中事后监管的意见》，进一步转变市场监管理念，明确监管职责，创新监管方式，构建权责明确、透明高效的事中事后监管机制。在履行管理中协公安、工商、物价等部门进行行业信息的互联互通、联动相应，形成分工明确、沟通舒畅、齐抓共管的监管格局，形成监管合力。从微观上，一方面行业管理要运用信息化管理手段，实现学员从招生到就业的全程信息化监管，通过驾培管理平台，实现对行业的动态监管。强化驾培行业非现场执法力度，对学员在学驾过程中的监控系统进行抽查，做到专人管理、全程监控，随时查询，及时发现和纠正缩短学时、弄虚作假的问题，另一方面创造有利条件，发挥行业自律。将行业协会的意见建议作为制定法规、重大政策及评估执行效果的重要参考，推进监管执法与行业自律的良性互动。

3.“优术”，践行管理思路

(1)强化驾培队伍建设。加强从业人员管理教育，分别对经理人、教学负责人、教练员开展针对性的管理规范。首先是经理人，通过举办经理人培训、论坛，开展企业现代管理知识进修，提高管理能力。从提升经理人素质为本，拓展为企业管理理念从家族式管理模式向先现代企业管理的转变。其次是教学负责人，定期举办教学负责人培训班，帮助他们掌握政策法规和行业标准，熟悉基础管理规范，提高教学管理素质。再次是教练员，加快建设一支规模宏大、结构优化、素质优良的教练员队伍。健全落实教练员再教育机制、诚信考核机制、学员监督机制、进入和退出机制，不断提高教练员的职业道德水平和专业水平。以管理、评比、创优等形式，搭建严格管理与人性关怀相结合，职业道德教育与业务培训相结合；考核培训合格率与考核行风相结合；奖励先进与惩戒落后相结合的平台。

(2)建立质量考核体系。建立驾培机构长效监管机制。开展驾校质量信誉考核工作，要重点对驾校资格条件、培训教学行为、教练员管理、教练车管理、培训服务质量等方面结合日常管理进行全面考核。通过开展质量信誉考核，引导和促进驾校完善基础设施，提高服务质量，确保依法经营、诚实守信、公正竞争。将社会满意度等指标纳入考核范围，形成行业部门监管与社会监督相辅相成的考核机制。根据信誉等级的不同，落实不同的管理办法，加大对信誉等级低的驾校日常管理力度。同时，要进一步完善驾校服务质量考核奖惩机制，对于考核结果优胜驾校，在驾校扩大规模等方面将优先考虑；对于考核结果不达标的驾校，限制整改，整改仍不合格且存在服务质量差和安全隐患的，暂停培训业务，促进行业质量诚信建设。

(3)加大品牌建设力度。树立行业标杆，增强企业品牌意识，加强品牌建设，以品牌优势激活转型升级活力。一是自主创建。要求提升驾校自身的管理水平、人才素养、科技含量、营销能力和服务质量，创建有特色高品位的企业文化，培育学员的认知度。三是舆论倒逼。通过提高全民的品牌意识，让社会公众了解品牌，认识品牌，崇尚品牌。三是整体提升。开展评选“十佳驾校”等活动，提振品牌的知名度和影响力，掀起比学赶帮、创优争先的热潮，实现从数量向质量再向品牌跨越的战略性转变。

(4)优化驾培行业环境。驾培行业正面临政策性改革的背景，行业管理部门寓服务于管理，要设身处地为驾校排忧解难，营造有利于行业发展的大环境。一是统筹训考关系，优化政策环境。运管部门要主动与公安部门协调合作，力争在政策上统一，训考上衔接，执法上同步。二是规划培训收费，优化行政环境。通过部门间协商和驾校维权等渠道，取消合同外的一切乱收费现象，切实保障学员权益。

简介

夏雪亭，1983 年 5 月出生，浙江湖州人，现任浙江省嘉兴市道路运输管理局培训管理科副科长。

2004 年 6 月参加工作以来先后在客货运、安全、公交、驾培从事行业管理，曾参与“嘉兴市道路运输行业战备体系研究”、“嘉兴市物流企业转型发展探索”、“嘉兴市公交运营体制改革”、“嘉兴市旅游客运市场研究与运力投放”、“嘉兴市驾培行业供给侧改革”等专项工作，先后起草过《嘉兴市现代物流企业发展研究报告》、《嘉兴市公交站场建设实施意见》、《市区公交客运行业雨雪恶劣天气应急预案》、《嘉兴市先培后付改革工作意见》、《嘉兴市深化驾培行业改革实施方案》等政府层面报告文件。

浅谈临海驾培行业的集约化经营

浙江台运集团有限公司驾驶培训分公司　宣帮笑　郑姗姗

从临海市驾培行业发展现状出发，结合浙江台运集团有限公司驾驶培训分公司（简称台运驾校）代管经营城南汽校和外运汽校的成效，浅谈集约化经营理念在我市驾培行业未来发展中的重要性。

一、临海市驾培市场现状分析

1. 经济类型多样化

截至2016年，临海市共有27家驾校。国有、集体、私营等多种资本投资形式共存，有限责任、股份制、股份合作制、合伙、个人独资等多种经济类型构成。

2. 经营主体规模偏小，业户整体素质不高

目前临海市所有驾校中，达到浙江省开办技术标准（即二类以上经营资质）的驾校很少，多数经营规模偏小，训练场地面积与车辆配置的不达标；教练员整体素质偏低，言语攻击学员以及私下以各种名义收取额外费用的现象仍有存在，重大安全事故往往因教练员引起。导致临海整个驾培市场无法形成集约化、规范化的健康的经营格局。

3. 生源趋紧，驾培市场竞争混乱

近十年来，由于驾培企业不断增多，市场上的教练车数量也在不断增加。而现有市场中，学车人数相对恒定。于是，产生了教练车承载学员量远多于实际学员数。各驾培企业和教练员为了生存，开始以降价的方式吸引学员。临海的驾培市场进入了打价格战的恶性循环。从长远看，既不利于市场发展，也不利于驾培企业自身发展。表面上学车价格降低，实际上学员学车练车的时间可能在减少，同时会面临后期各种名义的额外收费。

二、集约化经营理念

1. 集约化经营含义

集约化经营就是以效益为根本，对经验诸要素重组，实现以最小的成本获得最大的投资回报。因此，集约化在资产质量、管理质量、和服务质量等方面会更上一台阶。

台运驾校，原称交通汽校，是一所临海市“老牌”驾校，始创于1975年，隶属于浙江台运集团。台运驾校规模大，管理规范化，已培养出几代驾驶人。在激烈的市场竞争中，由于城南驾校与外运驾校管理不善，学员数量骤减，学费远低于市场标准，而无法继续生存下去。2014年，台运驾校与城南汽校和外运汽校的合作经营、代管理模式，采用了集约化经营理念。由台运驾校为管理者，重新整合三所驾校的场地、车辆和教练员资源，精简办公场地、设施设备和行政人员，以高标准来管理和要求教练员，以“服务学员，让学员满意”为宗旨为学员提供更周到的服务。经过集约化整改后，三所驾校的招生量明显上升，社会口碑也日益良好。

集约化经营，能够坚持以消费者为中心，通过统一价格、统一服务、广泛布点，及时地最大限度地满足顾客所需。临海的驾培市场需要注入集约化经营理念，整合驾培资源，进行合理优化分配。

2. 积极探索多种集约化经营模式

通过现有资源的有效整合，积极探索驾校经营的多种有效模式。目前驾校经营主要存在以下几种模式。一是集中经营。教练车、教员、招生、学员分配、训练、送考等均由业主统一全程负责，教员报酬由业户统一分配。二是单车承包。业主出资购置教练车辆承包给教员，业主负责办理各种证件以及送考，教员个人负责招生、训练等具体经营活动，并定期定额向业主缴纳承包款。三是挂靠经营。由承包方出资购买教练车辆指标，业主负责办理各种证件以及送考，教员个人负责招生、训练等具体经营活动，并定期定额向业主缴纳一定管理费。四是分包。承包方一次性按承包款或管理费向业主承包整个驾校或部分教练车辆组成教学单位，具体经营由承包方集中经营。上述四种经营模式，集中经营和分包经营的培训质量能基本得到保障。单车承包和挂靠经营，因承包方追求最大经济利益，采取缩短学时、压价竞争，导致培训质量难以保障，损害消费者利益。因此，在市场发育不完善的今天，应积极倡导集中经营，实行集约化、规模化经营。

三、集约化连锁经营面临的问题

1. 利益分配问题

驾驶员培训行业集约化，说到底是驾驶员培训资源配置的调整与整合。在这个过程中,应当以市场为导向,发挥市场机制的调节作用。在资产和资源的集合过程中,利益的分派就成了最大的问题。因为在没有进行组合前,大家都是老板,都有自主的使用资金的权利,赚的钱是自己的,组合后各自的股份为多少,利益的分配等都是各位老板非常关心的问题。

2. 单位性质的阻碍

台运驾校是一所国有企业,而国有驾驶培训企业由于资产是国有的,所有制性质不同在一定程度上影响和制约集约化连锁经营的进程。而私营企业改革就相对灵活,可做出及时调整。

3. 管理者之争

企业虽有大、小、强、弱之分,但级别上多数处于"同级"地位,优化组合起来的企业,就将出现由谁当"管理者"这个棘手的问题上,如果解决不了,集约化经营就成了一句空话,而无法实施。

纵观我国驾驶员培训行业发展,又进入了一个重要的转折时期,即从"多、小、散、弱"的低水平运行的状况,开始向集约化、规模化经营的高质量运行转变。这无疑将进一步增强驶员培训行业对社会进步、经济发展的服务功能。我们应当本着"与时俱进,开拓创新"的精神,全力推进驶员培训行业的集约化经营的形成,逐步向集约化规模化经营的方向发展,把我国的机动车驾驶员培训事业提升到一个崭新的水平。

简介

宣帮笑,现任浙江台运集团有限公司驾驶培训分公司校长。

郑姗姗,现任浙江台运集团有限公司驾驶培训分公司校长助理。

台运驾校,现有教练车94辆,教练员100多名,教练场地近4万平方米。我校具有40年的办学经历,教学设施配套齐全,环境优美整洁。特别是2015年底新训练场地,是集花园式、科学化为一体的综合性教练场地。我校也是台州市经营性道路客、货运驾驶员从业资格培训教学点,有一所以台运特色的职业高中。近几年分别获得了全国驾培行业文明诚信优质服务优秀单位,省厅教育先进集体,省局十佳驾培机构和省级行业文明先进单位。

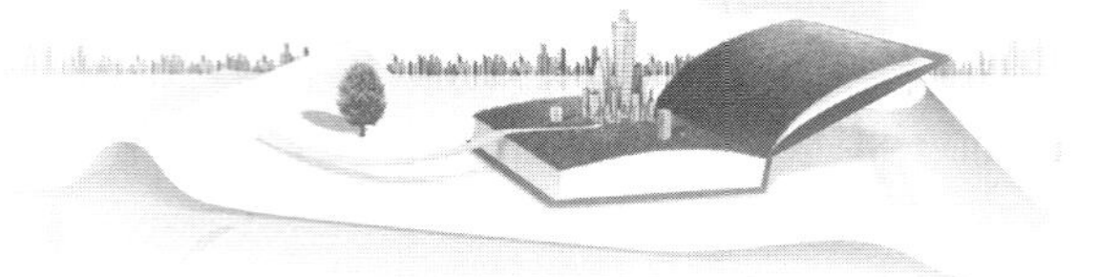

浅谈新形势下如何推进驾校的转型与发展

合肥新安驾校　陈　峰

2016 年，是我国驾培行业的深度变革之年，随着国务院《关于推进机动车驾驶人培训考试制度改革的意见》的出台，公安部《机动车驾驶证申领和使用规定》（公安部令第 139 号）、交通运输部系列改革政策正在逐步施行，以及迅猛发展的“互联网 + ”培训模式，给驾校的发展带来了前所未有的挑战和机遇。

面对复杂多变的政策与市场环境，对于驾校管理者而言，必须审时度势，积极应对，主动变革，走品牌化运作、差异化服务、精细化管理的路子，才能在激烈的市场竞争中立于不败之地。

一、坚持品牌化的市场运营是驾校发展的重点

驾培行业是同质化严重的行业，驾校的发展，短期内依靠市场规模、政策、管理者个人能力、人脉等方面的因素，可能会取得一定的发展，但这些都难以长期支撑驾校在学员心中的持久存在感，品牌化运营已经成为很多驾校在市场竞争中实现突围的重要手段。

1. 建设统一的企业识别系统（CIS）

“酒香不怕巷子深”的年代早已过去，要想在同质化严重的驾培市场迅速打开局面，就必须建立现代、统一、规范的企业识别系统，Corporate Identity System，简称 CIS），与同行形成明显的差异和区隔，让学员不仅能清楚地进行视觉识别，更能认同驾校的服务理念，这对驾校品牌传播及招生增长有着重要作用。

2. 打造有竞争力的产品体系

坚持以市场需求为导向，根据不同生源在拿证周期、练车时间、交通服务等方面的差异化需求，订制 VIP 班、双休班、免费接送班等不同类型的班别，配套自选教练、自主预约、计时培训、先学后付等服务，形成完善的产品与价格体系，完美解决学员的各类诉求，

能够使驾校快速做大规模，抢占市场份额。

3. 制订阶段性品牌推广策略

品牌的形成是一个漫长的过程，驾校在制订品牌推广策略时要综合自身的市场定位、所处的发展阶段、当前的经营状况等因素，广泛地开展市场调研分析，有的放矢地选择投放渠道、预算投入资金。

4. 建立完善的市场招生渠道。

招生是驾校发展的首要工作，市场渠道的完善度与各个渠道的贡献度直接决定驾培机构招生业绩。目前，驾校的招生渠道主要集中在广告招生、代理招生、门店招生、教练员招生等，新的互联网招生模式正在逐步兴起。

二、坚持差异化的服务创新是驾校发展的核心

由于长期累积的驾校实际服务与学员心理预期之间的矛盾，整个驾培行业的服务水平一直备受社会关注和诟病。谁能快速转变观念，坚持以学员为中心，不断创新服务模式，增强学员学车体验，提升服务水平，谁就能在市场竞争中脱颖而出。

1. 推进信息化服务

随着计算机、网络和通信技术的发展和应用，尤其是近几年移动互联技术的迅猛发展，信息化已成为驾校实现可持续化发展和提高市场竞争力的重要保障。通过互联网手段，实现网络报名、网上支付、网络约车、网络评价等全程信息化服务，为学员提供方便、快捷的优质服务，是驾校在竞争中实现“弯道超越”的关键。

2. 强化规范服务

招生服务方面，从最基本的微笑服务开始，完善服务标准，简化服务流程，强化后续跟踪服务，实现咨询、报名、后服务等全程服务，让学员切实感受到售前、售中、售后服务的一致性，将迅速提升驾校的美誉度。

教学服务方面，从杜绝教练员“吃拿卡要”开始，在教练员语言、行为、形象，理论讲解生动、实际操作规范，教练车卫生、安全，教学过程跟踪与满意度调查体系建设等方面下功夫，建立一整套标准化的服务规范并严格执行和督导，才能逐渐打造良好的口碑，真正实现教学对招生的促进。

3. 关注细节服务

服务水平的高低一定程度上决定了驾校能否真正实现可持续发展，而提升服务水平，靠的就是做细节服务。驾校的细节服务，应从强化服务意识、细化服务标准、优化服务环境等环节入手，如：一声问候、一个笑脸、一条提示短信、一杯热水和一句安慰等，从不起眼的小事开始，用心创造感动。

三、坚持精细化的内控管理是驾校发展的关键

当前驾培市场竞争白热化,价格战带来的收费减少以及逐年递增的办学成本,驾校早已步入微利时代。在这样的大环境下,驾校要想真正做大做强,就必须推行精细化管理,通过高效的内控手段,增强管理效能,提升利润空间。

1. 打造职业化团队

在传统的社会认知里,相对于其他行业,驾校的团队,尤其是教练员队伍,是比较散乱无序的。因此,打造一支职业化的员工队伍是提升驾校内部管理水平的基础。

所谓"职业化",就是职业化的业务技能、职业化的工作形象、职业化的工作态度和职业化的工作道德。驾校的管理者,在日常管理中,要求工作人员不仅要对驾驶培训与考试各项业务了如指掌,更要保持良好的个人形象,同时要有积极进取的工作态度,以及对单位文化高度的认同,对单位品牌形象的自觉维护。

2. 从制度管理转变至文化管理

首先是要健全制度,对驾校经营的各个模块、各个环节都有明确的管理制度,保证各项工作均能实现"有法可依,违反必究",这是基础。当然,由于制度管理着重于约束,具有明显的刚性特征,无法顾及人性的复杂面,存在着一定的局限性,这就需要文化管理来拓展管理的非制度因素,对员工进行"软约束"。驾校管理者要注重对发展过程中文化的沉淀与积累,逐步形成具有自身特色的企业文化,通过企业文化建设提升团队的凝聚力、执行力。

3. 加强数据管理与成本管控

对于驾校经营者而言,要养成数据管理的习惯,必须通过数据分析找出日常管理中的存在的问题与不足。要将相对复杂的工作量化并坚持以结果为导向,坚持用数据说话的考核原则。

成本管理是企业管理永恒的主题,对于驾校管理者而言,要严格控制人员工资、房租、水、电、油气消耗等各类支出成本,建立预警机制,确保各项支出都在可控的范围之内。

4. 强化目标管理与过程控制

团队的工作效能直接决定了驾校发展的速度与质量,因此,驾校经营者在日常管理中,应建立全员目标管理体系,通过目标任务分解,确定各个管理层级、各个业务模块的月度、季度工作目标值,定期对执行过程进行检查,力争实现对结果与过程的全面控制,从而提升整体工作业绩。

古人云:善弈者谋势!如何在变革时代洞察机遇与风险,应势而变,顺势而为,稳中求进地谋篇布局,将最终决定我们是弯道的超越者还是被超越者。

虽然当前驾培行业宏观政策和市场环境的变化给驾校的发展带来了一定的挑战，但是，只要我们广大的驾校经营者能够遵循市场规律，转变发展思路，就一定能够转“危”为“机”，全面开启中国驾培行业发展的新局面！

新形势下如何利用新技术提高服务质量

南昌白云驾校　黄国伟

2015 年 12 月 10 日，国务院办公厅转发公安部、交通运输部《关于推进机动车驾驶人培训考试制度改革的意见》的通知中指出：要引导学员选择质量高、服务好的驾驶培训机构进行学习；推动驾驶培训机构专业化、品牌化发展，不断创新服务模式，提升服务质量。

随着驾驶培训与考试改革的深入推进，驾校必须顺应改革要求，走自我创新发展之路。特别是在“互联网 +”的时代，更应采取网上约车、先学后付、计时培训等一系列便利学员的改革举措和新的培训模式，充分利用互联网大数据，让学员通过网络平台，实现自主提前预约练车时间、自主选择教练员，通过网络不记名评价功能监督教练员教学全过程，把培训和考试自主权全部交给学员，不断满足学员自主选择权和个性化、差异化的培训需求。要做到这一点，具体来讲，就是要建好三个系统。

一、建立网上预约练车系统，让学员可随时预约练车

近年来，随着驾培市场的开放进程加快，驾校如雨后春笋般大幅度增加，导致驾培市场出现产能过剩。尤其是这两年，驾培市场无休止的价格战、高成本的驾校运营、竞争的白热化、市场的观望冷清，这些都预示着驾培行业的转型升级已经迫在眉睫，直接倒逼驾校进行改革寻求创新。作为驾校必须适应学员需求，紧跟时代发展变化，走自我创新发展之路，运用“互联网 +”，建立网上预约练车系统。这个系统的建立，笔者感到有四个亮点。

亮点一：微信和官网约车。学员只要通过了科目一考试 3 天之后，便可以通过关注驾校官方微信公众号，输入学员个人相应信息，即可登录系统，预约练车时间。无论是白天，还是晚上，学员都可以按照自己的时间进行预约。如果临时有事，不能按照预约时间练车，学员可提前取消预约，自己重新安排练车时间。

亮点二：网上约教练员。驾校后台管理须将每个教练员的姓名、手机号、车牌号、头像、星级、教练员拥有学员量等信息，全部上传，进行公开，由学员自己任意选择教练员。当学员在网上选定自己心仪的教练员后，系统就会把学员的姓名、手机号等信息及时发送给被选教练员，以便教练员在第一时间与学员联系，安排学员练车。

亮点三：方便快捷。从学员体验感来说，驾校应采用方便快捷的新型的互联网预约模式，彻底告别排队练车的传统培训模式。这样，学员再也不需要天天跑驾校去领号排队练车，而是利用玩手机的时间动动手指就能预约成功，大大节约了学员的时间。

二、建立教练员评价系统，让学员不再由教练摆布

过去，有许多学员反映，在练车过程中往往要看教练员的脸色。如果驾校专门建立一套教练员评价系统，学员拥有类似淘宝的评价权，就能较好地解决四个问题：

（1）实现信息对称。学员可以在报名前充分了解教练员以及之前学员对该教练员的评价，建立第一印象。学员报名后，登录自己的账号，就可以看到所有学员对教练员的评价。

（2）学车更有保障。以前学员想练时间长一点，还得讨好教练员。新模式下，学员不必再看教练员脸色，想学多久就学多久。特别是年纪偏大、反应慢些的学员更会受欢迎。过去那种靠偷工减料、掏钱过关的情况就会不复存在。

（3）服务更加贴心。学员每次练完车后，都要对教练员进行评价，如果教练员服务态度、教学水平受到学员的投诉和反映，教练员将扣基本工资。驾校将按 1 星至 5 星对教练员进行评定。如果连续两个月都被评为 3 星以下，教练员将被直接辞退。这种类似淘宝网的评价功能，让教练员时刻约束自己的服务意识，倒逼教练员提升服务质量。

（4）关系更加密切。在互联网学车时代，学员能够掌握更多的主动权，教练员也能够招到更多学员，得到更多份额，又有一系列的机制维护二者之间的关系，教练员与学员之间的关系也将会更加密切。

三、建立计时培训系统，让学员享受个性化、差异化服务

公安部、交通运输部《关于推进机动车驾驶人培训考试制度改革的意见》中，要求改变驾驶培训机构一次性预收全部培训费用的模式，推行计时培训计时收费、先培训后付费的服务措施。实行学员自主预约培训时段、自主选择教练员、自主选择缴费方式。为认真落实这一要求，江西省、南昌市两级运管部门于 2015 年 8 月，在蓝天驾校和白云驾校进行了“按学时收费、先培训后付费”服务模式试点，取得了成功。今年 6 月，省运管局又召开了“江西省驾培行业推行‘按学时收费、先培训后付费’服务模式现

场会”，总结和推广经验，并要求此模式在全省驾培机构的覆盖率，年底前要达到50%以上。

笔者了解到，通过蓝天驾校和白云驾校两所驾校推行的培训服务新模式，极大地满足了学员自主选择权和个性化、差异化的培训需求，得到了广大学员的广泛认可和普遍赞扬，学员满意率达到了95%左右。广大学员反应，“计时培训、先培训后付费”的培训新模式，有四个明显优势：

(1)打破了传统的一车多人的“瓶颈”，较好地解决了学员练车难的问题。驾校采取一人一车，教练员一对一教学。彻底解决了一车多人编配、学员等待时间长却练不到车的情况。教练员在一个时间段内只对一个学员进行单独训练，可以实现针对性教学，提高学员的练车技巧，同时提高学员的考试合格率。

(2)跟以往的学车模式相比，“计时培训”为学员节省时间。特别是针对上班族或大学生族学员，可自己“预约培训时间”，节假日、白天、夜间均可，由自己安排练车时间。学员交了首付款后，采用刷卡计时的方法参加培训，每次练完车后，依据课时数的多少进行付费，每练完一课时后，再刷卡练下一学时，方便省事。

(3)有利于改掉传统培训中的“吃拿卡要”等违规行为。学员科目一考试通过后，来驾校练车可通过电话或网络预约，学员可自选教练员，如果不满意还可以随时换教练员，这给了学员更多的自主选择权，保障了学员的合法权益。如果教练员态度蛮横、有“吃拿卡要”的行为，为难了学员，被学员投诉，教练员不仅要受到驾校处罚，还会受到运管部门的处理。许多学员反映说：“过去，学员练车要看教练的脸色；现在，教练要看学员的脸色。”

(4)促进驾培行业良性发展，确保了学习效果。在很多人的印象里，驾培驾考只要跟一个人打交道，那就是教练员。新的服务模式推行后，培训全过程都是在驾校的电子屏监控下进行，全程监督。驾校训练场分布上百个监控设备，使用的计时培训车辆都安装了带GPS功能的计时设备以及计时系统，能实现图像抓拍、数据实时传输等功能，有效地杜绝了学时作假的情况，提高了学员的培训质量。有效地保障了学员的权益，确保了学习效果，使努力学习的学员能快速拿证。

随着“驾校＋互联网”培训模式的逐步深入，在提供特色服务中也会出现各种预想不到的问题。为此，驾校应专门建立学员网络预约服务中心，负责听取和处理学员的投诉和建议，及时化解消费纠纷，及时回访不满意的学员，为人民群众提供更加优质、规范、便捷的驾考培训服务，不断提升驾校在激烈的市场竞争中的良好形象。

简介

黄国伟，中共党员，现任南昌白云驾校校长助理。

白云驾校创建于2005年,是江西省规模大、设备先进、培训规范的国家一级驾校。建校十一年来,为社会输送了18万余名合格的驾驶员,先后被各级职能部门评为"全国文明诚信驾校"、"江西省文明诚信驾校"、"江西十强驾校"、"江西AAA级优秀驾校"、"全国驾培行业自律先进驾校"。

白云驾校拥有"一校三区"和全科目考场,是南昌市公安交管局车管所直属考场。驾校下设"六大服务中心",为学员提供优质的驾培服务,努力"打造学员满意、员工满意、社会满意的驾校,成为老百姓的首选品牌",争创整个驾培行业中服务质量最好、教学管理水平最优、学员满意度最高的一流驾校。

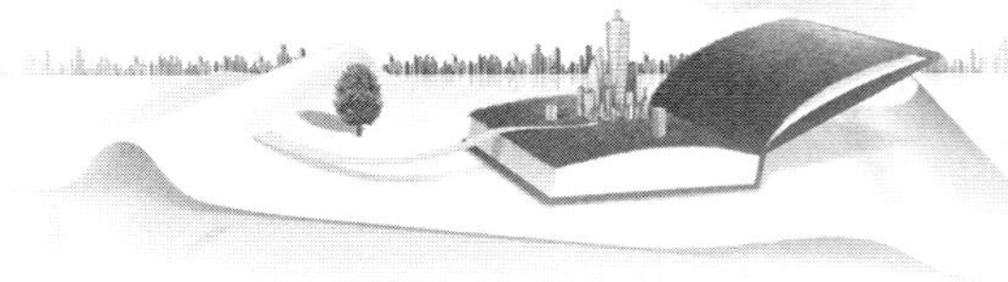

适应市场需求　探索驾校发展新路子

赣州华坚驾校　钟良斌

国内的驾培市场从计划经济到市场经济的转型至今已走过了近 30 年的路程。20 世纪 90 年代以前,考取驾驶证是一门专业技术,门槛很高。参加驾驶培训要经过单位选拔推荐,从报名、培训、考试到取得单独驾驶资格要两年多的时间。随着改革开放的深入与发展,计划经济的模式逐渐被打破。驾驶员培训也由当时的公办驾校到“允许社会力量办学”的尝试,再到现在的“完全由社会化办学”的转型,这是由市场经济的发展决定的。随着人民生活水平的提高和国家交通基础设施的改善,汽车已经进入普通百姓的家庭。考取汽车驾驶证不再是一门专业技术,而是大家日常生活的一项基本技能。汽车成了人们生活、工作中的代步工具。这一转变,造就了国内汽车驾驶员培训的巨大市场。然而,驾培行业却始终滞后于驾培市场的发展。北京、上海、广州、深圳等一线城市仍存在考证难的状况,而二、三线城市,由于管控不到位,一度出现了市场比较混乱的局面。如赣州的驾培市场就出现了诸如为争夺生源大打价格战,B2 车型的报名价格低至 1600 元;有的为追求利润不求培训质量;有的隐形收费、变相收费、严重损害学员利益等现象。一线城市与二、三线城市市场的不平衡,对现有的驾培行业提出了新的更高要求。如何使驾培行业适应驾培市场的要求。笔者就赣州目前驾培行业的现状提出以下几点看法。

一、把握市场需求,转变办校理念

驾培行业的转型发展大致经历了以下四个阶段:

1.“求购型”阶段

“求购型”,即计划经济时期的培训模式。那时的培训机构都是交通运输管理部门或所属企业办的驾校,要参加培训必须申报计划,计划安排、等待培训,完全是一证难求的阶段。

2."满足型"阶段

随着改革开放的深入和国内经济结构的调整,私有制企业迅速发展,导致交通运输企业从事驾驶运输的人员缺口很大,原有的培训机构完全无法满足考证人群的需求。因此,相关部门推出了"允许社会力量参与办学"的政策,只要有几台车(包括报废车、改装车)和一块相应的场地就可以开办驾校。当时也确实化解了需求之间突出的矛盾,也初步拉开了驾培行业走向市场化的序幕。

3."规范型"阶段

由于当时门槛低,审批简单,宏观控制不严,开办驾校相对容易,利润空间也比较大,有的县常住人口不足20万,却有3~4所驾校;有的县(市)甚至有10多所驾校,生源严重不足,造成当时的驾培市场非常混乱,乱象丛生。也正是在这种比较混乱的环境下,有些老牌驾校管理比较规范,收费相对合理,社会认可度较高,生源也有保障,较好地稳定了当时的市场。因此,打造规范的驾校也就成了那个阶段驾培市场的焦点。

4."廉洁服务型"阶段

随着驾培行业管理的规范化,驾校的管理也日趋成熟,优胜劣汰机制初显成效,有些达不到要求的小驾校被自然淘汰。因此,驾校要在激烈的市场竞争中如何遵循市场规律、适应市场需求从而站稳脚跟、取得发展,这是所有驾培人都应该去思考和探索的问题。现在的驾校不仅要有完善的设施、良好的教学环境、合理的收费标准、方便规范的培考途径,还必须要有符合市场需求、适应市场发展的新的服务理念和新的服务规范,这就是驾培行业的新观念,新思路。

二、找准发展方向,探索驾培新路子

随着驾培市场的日趋成熟和完善,市场对驾培行业的要求也越来越高,如何使驾培行业尽快适应驾培市场的需求,选择一条真正符合驾校发展的路子非常重要。从赣州驾培市场近30年的发展历程看,早已由卖方市场转为买方市场,学员选择驾校也从看驾校的报名价格、外部环境和教学设施,转变为看实际收费多少(是否存在隐形收费,变相收费,教练员巧立名目收费等)、驾校环境(场地是否标准、规范等)、教学设施(车辆状况、配套是否完善、交通是否方便等)、教学质量(练车时间能否保证,考试合格率怎样)、教练员的综合素质(教练员的教学水平、教学态度、脾气性格)、服务是否到位(驾校的管理是否正规、为学员提供的配套服务等)及学员的个人要求是否能得到尊重和满足等。这些都是学员选择驾校的主要指标,也是驾校应该调整和发展的方向。为此,驾校必须多从以下几个方面做出调整和转型,以适应市场需求、赢得市场。

1.与时俱进,把握好政策向导

改革开放以来,驾培行业也和其他行业一样,跟随国家的发展而发展,对相关的政策和要求也在不断地调整和完善。目前主要是如何适应和应对即将实行的学员可以自主约考的变化,今后学员可以网上自主报名、自主约考,还可以预约有资格的教练员进行自主培训。这样驾校的功能会逐渐淡化,今后如何依赖驾校完善的培训体系优势,尽快融入网络互动平台就很关键,否则就会被淘汰。

2.抓住重点,打造一支品牌教练员队伍

学员报名学车能否找到一位好的教练员,踏踏实实学好技术很重要,所以教练员职业技能等级和信誉度是今后学员学习驾驶的首选。打造一支品牌教练员队伍,也是驾校能否吸引学员的重要标志,品牌教练员必须具备的条件是:

(1)有国家认可的资格条件。驾校要积极组织教练员参加交通运输部推出的"驾驶教练员职业技能鉴定考试",使每个教练员都要取得国家认可的职业等级资格。

(2)继续抓好教练员素质提升再教育。定期或不定期组织教练员进行培训、比赛,不断提升教练员的教学水平,并积极参加各种机构组织的职业技能大赛,扩大知名度。

(3)狠抓教练员的"文明教学,廉洁教学"建设,严格执行"五条禁令",杜绝任何形式的"吃拿卡要",打破传统的"师与徒弟"的旧观念,树立"学员就是客户,客户就是上帝"及"使每一位学员都满意"的新观念。

(4)实行优胜淘汰,对教练员定期进行考评,奖罚分明、末位淘汰。凡是职业素质不高,学员差评的教练员要及时逐出教练员队伍,确保教练员队伍的质量,真正建立一支具有品牌效应的教练员队伍。

3.顺应市场,不断探索新路子

如何找准市场需求尽可能满足大多数消费者的需求,是企业发展的根本。企业没有市场就没有生存空间,驾校没有学员就没有效益。怎样让学车人认可你的培训服务,就必须做到服务价格有优势;培训质量有保证;服务质量有体现,合理要求有回应。所以驾校要赢得市场,并且有良好的发展,首先必须要收费合理,而且要公开透明,承诺一次性收费,中途绝不增加学员一分钱负担;其次是保证培训质量,严格按教学大纲要求规范教学,科学管理,保证学时,因人施教,确保考试合格率。再次是服务必须跟上,如:校车接送、餐饮供应、休息场所、互动平台、投诉渠道、需求反馈等必须做好。另外在收费模式上,可以实行分类报价(设高级班、中级班、普通班、快捷班、专科班)、分级收费(分报名注册费、各部分培训费都明码标价)。也可先学后付(先练车后付费或按学时付费),在培训上可采取自选课目、自选时间、自选教练员、自主安排等形式,充分满足学员的自主需求。要相信,只要勇于探索总能找到一条适合驾校发展的路子。

三、抓好发展根本、接受市场考验

驾校的发展归根到底还是要打好基础,俗话说"打铁还需自身硬",驾校的场地、车辆、多媒体设施等这些硬条件一定要达标，这也是给学员的第一感觉。驾校要做大做强必须有良好的基础，只有基础打好了，后面的发展才能有保证。观念转变了，基础打牢了，路子找对了、管理上去了，服务质量提高了，就一定能够经受得住市场的考验，也一定能够把驾校做大做强。

简介

钟良斌，男，1952 年 12 月出生，中专文化，现任赣州市华坚汽车驾驶员培训有限公司教务副校长，赣州市道路运输行业驾驶员培训专家库专家。

赣州市华坚汽车驾驶员培训有限公司于 2014 年 9 月正式开业，是经省、市主管部门按新国标验收批准的赣南首家国家一级驾校。驾校占地面积 50000 多平方米，教练车 120 辆，并与华坚考场相配套，实现了报名、培训、考试、领证的一站式服务。我们将用 3 ~5 年的时间将华坚驾校打造成为行业一流驾校。

加强基础工作　筑牢驾培根基　力创品牌驾校

——中小驾校发展之思考

宜春市天宇运通有限责任公司　袁春平

2015 年国务院转发公安部交通运输部《关于推进机动车驾驶人培训考试制度改革的意见》，拉开了机动车驾驶培训与考试改革的序幕，为积极适应、跟进驾考改革，驾培行业发出了多种声音、部分驾校也出台了相关措施。如蓝天驾校和白云驾校突破传统驾培模式，强力推行“按学时收费、先培训后付费”服务模式，但纵观江西全省驾培机构，蓝天驾校、白云驾校经过多年的发展，都已形成了自己的品牌，无论在教学、服务、管理方面都有自己的特色。反观其他驾校，中小驾校居多且家庭式“作坊”多，重利益、轻管理，进而导致教学质量差、服务意识差等方方面面的问题。这样，何谈建立品牌驾校，持续发展又怎能持续？为此，笔者认为，中小驾校在推行多样化培训模式的同时，重点要强化基础工作，具体要抓好以下“四个方面”。

一、抓教学，提升培训质量

教学质量就是驾校的生命，驾校一定要把教学质量作为头等大事来抓，教学质量越好，社会的认可度就越高。教学质量应抓“两个方面”。

（1）要抓驾驶技能培训。要严格按照驾培《教学大纲》规定项目组织培训，并经常性组织教练员班组总结、交流教学经验、分析问题，积极改进教学方案，促进教学质量提升，提升学员考试合格率。

（2）要加强安全文明驾驶意识教育。学员考试合格只能说明其驾驶技能合格，但依法驾驶、文明驾驶同样是安全驾驶不可或缺的重要因素，缺少了规范的驾驶方法和安全文明驾驶意识，这样的学员只能算是“合法驾驶人”而不是“合格驾驶人”，日后他们将车开到哪里就会把安全隐患带到哪里，对他人和自己的人身安全都将产生威胁，当前的交通事故现状就很能说明这个问题。所以说，教学质量高指的是学员的考试合格率高并且学员的安全文明意识强，若达到这样的标准必须要对学员进行“素质教学”。教练员在执教期间，要坚持结合驾驶操作教学实际及时传授安全交通常识和文明交通知识，如：通过路口时就会及时提醒学员要减速慢行、左右观察；通过人行横道训练时要减速慢行、鸣喇叭、左右观察等，还要结合当前常见违法交通行为经常性告诫学员要依法、守法交通，做到喝酒不开车、开车不喝酒，不超速行驶等，把实践驾驶员素质教育融入教学的每一个环节，让珍爱生命、平安驾车的理念渗透到每一个学员，竭力做安全文明交通的引路人。在这方面，北京东方时尚驾校就有很好的做法，学员们学习的不仅仅是规范的驾驶方法，更接受了如何开好车的安全文明驾驶意识。北京市交通管理局曾经做过统计，北京市104所驾校培养的学员中，东方时尚的考试通过率位居北京市前列，而学员违法率和事故率却是最低的。

二、抓服务，提升学员满意度

驾培行业归根结底属于服务行业，如今，部分驾校会为学员安排班车接送、免费wifi等服务，但纵观中小驾校，服务水平参差不齐，有些驾校至今还未摆脱“吃拿卡要”和“粗暴教学”的困扰，提升服务水平是中小驾校工作的主旋律。为此，要做好的工作非常多，但是离不开三大措施。

1. 坚决实行廉洁教学办校

“吃拿卡要、粗暴教学”是长期存在于当前中小驾校中的不和谐现象，如果不予以杜绝，那服务二字就无从谈起，惩治这一“顽疾”必须要做到以下三点：

(1)敢于惩处，建立严厉的规章制度，无论是谁触犯了，都要接受严厉的处罚。如，获得“全国文明诚信优质服务驾校”殊荣的白云驾校，切实加强驾培行业自律管理，狠抓廉政建设，严禁严防“吃拿卡要”，以廉政制度为铁的纪律，规范全体教学人员的行为，至今，学校没有行业潜规则，校园教与学彰显一片和谐氛围，普遍受到学员和南昌市民的好评。

(2)敢于“自我曝光”，驾校校园内设立“曝光台”，将服务工作中暴露出的“坏人坏事”和处理决定进行自我曝光，实事求是将工作中存在的弊病公之于众，这既是一种自我施压，也是一种自我警示，非常有利于工作的改善和进步。

(3)敢于公布校长的联系方式。通过各种不同的方式向学员公布校长的手机号码和“校长信箱”，给学员一个可以倾诉的渠道，了解他们的想法更能获取宝贵的建议。

2. 提升服务意识和服务技能

(1)“走出去”。组织员工到服务意识超前的单位参观学习超前的服务理念、服务措施。

(2)“请进来”。聘请行业内的专家对员工进行现代服务意识和服务技能的培训,同时本单位要加强员工岗位培训。

(3)营造服务氛围。在驾校悬挂大量有关服务的标语。如“热爱学员是教练员的美德”、“学员满意度是检验服务效果的唯一标准”、“从服务中寻找快乐、从服务中得到进步、从服务中体现价值”、“服务即是招生”、“劣质的服务就是砸驾校的品牌、砸自己的饭碗”等。

3. 持续改进服务措施

细节决定成败,服务更要体现出细节,为学员提供方便、周到的服务是让学员满意的最直接的措施。如:开设方便学员训练的各种班型、为学员准备遮阳伞、休息区及座椅、热水瓶等方便学员的用品,这些服务措施越多,就越能赢得社会信誉、口碑和学员的满意度。

三、抓培训,提升员工素质

市场竞争说到底就是人才的竞争,同样,驾校与驾校之间的竞争归根结底是人的竞争。只有优秀的员工才能打造优秀的驾校,只有高素质的教练员才能培养出高素质的驾驶员,只有高素质的员工队伍才能为驾校创造良好的口碑,高素质的员工越多驾校的品牌含金量就越高。因此,把员工队伍当成驾校最大的财富,把对员工的培养当作企业最大的投资——这应该成为中小驾校当前乃至一段时间内的工作方针。员工素质的提升必须做到以下两个方面。

1. 开展系统全面的培训

培训是提高员工素质的有效途径,建立有效的教育培训制度,做好培训工作对于中小驾校发展有着极其重要的影响。新员工上岗前要进行培训,刚来到驾校的他们心态好、思想单纯、上进心强正是接受培训的最佳时机。把他们培训好了,上岗后才能适应工作的要求。教练员的再教育,是教练员培训的重要环节。驾校对员工的培训工作要有缜密的计划,培训内容要全面,企业文化、职业道德、规章制度、行为规范和专业技能一样也不能少。通过全员培训,提升员工整体业务技能,坚持做到“工作不在我手中耽误、工作不在我手中出错”。

2. 加强文化熏陶

文化管理是管理的最高层次,驾校品牌价值也取决于文化内涵,企业文化如同“一方水土”,能养育一方人,在优秀的企业文化的熏陶下必定会产生优秀的员工;在优秀文化的熏陶下员工的行为会由“他律”转变为“自律”。驾校的企业文化越优秀,员工的素质就会越高。

四、完善制度，提升管理水平

管理就是效益，管理好了，工作才能有序开展，不至于打乱仗。提升管理水平，重点要做好两个方面。

1. 完善管理制度

制度就是纪律，严格的管理，自然离不开严明的规章制度。目前很多中小驾校在进行制度管理时存在不少问题。一是以罚代管，不少驾校的规章制度就是一个“罚款制度”，除了罚款以外没有其他条文；二是“纸老虎”制度，制订的制度虽然严格但是执行却不到位，这样的制度是用来吓唬人的；三是“古董”制度，一些驾校的规章制度多年来一成不变，比较陈旧不能适应当前形势。上述制度，纵然有千条万条也是“废纸一张”。

制订制度要分三个层次：

(1)要制定员工的行为准则，这个准则的制订要精简，如同解放军战士的“三大纪律八项注意”简单易行而且非常奏效。

(2)要制定员工的工作细则，这个细则越细越好，要把教练员所从事的所有工作以标准化、规范化、程序化、精细化的形式写出来，如：教练员着装规定、教练车卫生标准、教学行为规范等。

(3)要制定奖罚制度，这个制度的作用是用来调节员工的行为和工作，要做到有奖有罚。

2. 要规范设置岗位，明确岗位职责

中小驾校，尤其是“家庭作坊式”小驾校，终究是一个企业，要有序运转，就必须做到“麻雀虽小、五脏齐全”，即必要的岗位一定设置齐全，并明确岗位职责，确保事事有人管、事事有人做，不留管理“死角”。

加强队伍建设　严格内部管理
提升服务质量　创建行业品牌

——浅议驾校的经营管理与发展

湖南省新晃县金龙驾校　毛建生

改革开放以来,各类驾培机构如雨后春笋般拔地而起,应运而生。驾培行业一派繁荣景象。随着汽车时代的到来,当代一族特别是年轻人已经把学会开车作为步入人生创业道路上的第一要务。为此,要求学车的人络绎不绝,使得驾培行业前几年更是达到了鼎盛时期,推动了驾培事业的空前高涨。然而,近两年来,随着驾培机构的迅猛增长,取得驾照的人数急增,驾培机构过剩,僧多粥少的现象日渐显露。如地处湘黔两省交界之处的湖南省新晃侗族自治县,总人口仅26万,驾校就有四所。据了解,这种现象个别县、市更为突出。这样一来,抢生源,保运转成为驾校生存的重中之重。个别驾校为保生存,不惜放下以往的尊严,采取一些不正当的手段去招揽学员、培训学员。招生靠降价,经营搞挂靠,培训靠投机取巧,合格率靠运气、靠贿赂的现象层出不穷。于是,导致了驾培市场的恶性竞争,严重扰乱了驾培市场的正常秩序。随着公安部便民、利民、惠民的139号令的颁布实施,这无疑给投机取巧的个别驾校当头一棒,使之慌不可择,感到无路可走。而对于大多数正规办学,以质量求效益的驾校来说,或许是一种激励。优胜劣汰的时代已经来临,靠投机钻营的日子已无法生存。作为正规办学的驾校如何在激烈的市场竞争中立于不败之地,站稳脚跟。笔者认为可从如下几个方面去进行探讨。

一、加强队伍建设是驾校的立校之基

加强队伍建设,提高员工素质是驾校永恒的主题。目前我国驾校绝大部分都是合伙投资的股份制或个人投资的私营企业。员工特别是教练员都是通过自主招聘或朋友、熟

人介绍来的,可谓三教九流之人皆有。他们都来自不同阶层,不同环境,导制人员素质参差不齐。要提高这些人员的整体素质,还得下一番真功夫。

1. 加强岗前培训

学校要对新进教练员(员工)进行岗前培训。从文化知识、专业技能、做人做事、职业道德、政策法律法规等方面入手,对其系统培训。使他们认识到要做事必须先学会做人的道理,绝不允许极个别人将社会上的不良风气和陋习带到驾校来。

2. 加强员工理论学习

要经常组织员工学习。"刀不磨要生锈,人不学习要落后"的道理大家都懂。因此,学校要定期或不定期地组织员工学习文化、专业以及法律法规知识,努力提高员工的自身文化素养和专业技能。与此同时,要经常选派一些年轻有为、有上进心的优秀教练员和管理人员赴外地的品牌驾校学习,借鉴别人的先进管理和教学经验,并将先进经验带回本校来贯穿于整个管理与教学中,以起到示范带头作用,促进本校工作的顺利开展。

3. 弘扬正气 抵制歪风邪气

学校要大力弘扬正气,打击歪风邪气。对遵章守纪、踏踏实实做事、业绩突出,为学校做出贡献的先进人物和先进事迹要大张旗鼓地进行表扬、表彰。对违纪违规和不良风气给予坚决抵制和严厉打击,对违法乱纪之人该辞退的就辞退,绝不姑息养奸。

4. 创建团队精神

发扬和创建团队精神,学校要努力营造一个供教练员(员工)相互之间学习、交流的平台,使其团结协作、互帮互学、比学赶超的良好风气蔚然成风。在一定程度上可提高员工的工作积极性。

由此一来,员工素质将得到大幅度的提高,队伍得到净化,学校的各项工作也将能够顺利开展。

二、严格内部管理是驾校的强校之本

加强企业内部管理,严格执行规章制度是规范企业行为的有效途径。学校要建立健全各项规章制度,针对不同岗位,不同职位分别制定岗位职责、安全管理、日常工作、优质服务、绩效考核等一整套规章制度,在经营管理过程中,做到有章可循,有据可依,用制度去约束员工,管理员工,而不是用人去管理人。在执行制度时,做到制度面前人人平等,一视同仁。这样才能以理服人,以理服众。

1. 管理出效益

管理松散的企业是没有效益可言的,而管理严格、管理规范的企业会焕发出生机与活力。作为驾校这种特殊行业来说,既要按照交通运输部颁布的《教学大纲与教学计划》

来实施教学培训工作，又要搞好廉洁自律和质量信誉考核，还要对招生工作、教学质量、服务质量、车辆维修、油料开支、安全工作等方面进行全方位的考核，根据工作的不同性质制定相应的管理制度。每个员工都只能在制度的范畴内开展工作，这样的企业经济效益也就会凸显出来。

2. 管理出人才

在经营管理过程中，学校领导层要善于发现人才、起用人才，对那些工作认真负责、有真才实学、德才兼备的人要大胆启用，并做到用人不疑，将权力下放下去，让他们大胆地行使自己的职权。遇到下属不能解决的问题和矛盾，领导层要敢于承担责任，善于化解矛盾，这样才有利于管理人员大胆的去开展工作，以调动他们的工作积极性。

3. 管理保安全

驾培行业是一种高风险的行业，特别是在道路上培训学员驾驶时，危险性大，不确定的因素较多。这就要求学校要制定相应的安全管理措施，学校不仅要把安全工作放在首位来抓，更重要的是要把安全知识灌输到每一位教练的脑海中，把防范措施落实到位。使他们时刻警醒自己，提高安全防范意识，尽可能地避免交通事故的发生。因此，加强管理对安全工作尤为重要。

4. 管理促发展

通过加强管理，规范员工的工作行为，企业才能够步入正常的发展轨道。也必须有严格的管理，企业才会焕发生机与活力，事业才会蒸蒸日上。企业才有精力去应对市场需求进行不断地改革创新。

三、企业文化是铸就驾校的品牌之魂

何谓企业文化？企业文化是一个企业所共同认同和遵循的价值观、信念和行为方式。其中理念层是核心，包括企业愿景、使命、价值观、企业精神、企业哲学、经营理念、管理理念等。

1. 企业文化具有导向功能

企业文化对企业整体和每个成员的价值取向及行为取向起引导作用，符合企业确定的目标。从而引导全体员工向确定的目标努力。

2. 企业文化具有凝聚功能

企业文化是一种黏合剂，能减少企业内部的摩擦和内讧，形成和谐宽松的人际关系和工作环境，促使员工团结一心，心往一处想，劲往一处使，把精力花在企业的生产经营和发展上。

3. 企业文化具有激励功能

企业文化可以增强员工的荣誉感和责任感，使之自觉遵守各项规章制度，维护企业的声誉和形象，促进企业的改革与创新。

4. 企业文化具有规范和辐射功能

企业文化中的价值观念、道德规范、约定俗成的行为准则，能够约束企业员工的言谈举止，从而保证企业健康、稳步地向前发展。企业文化不仅在内部发挥作用，对本企业员工产生影响，而且通过各种渠道进行宣传，对社会也将产生巨大影响。一些企业也就是以浓厚的企业文化来造就产品的知名品牌。

由此可见，企业文化的形成，凝聚了人心、规范了行为、形成了口碑。因此，它是推动企业健康、有序发展的动力，是企业赖以生存和发展的灵魂。

四、提升服务质量是驾校的发展之路

作为驾校，如何在逆境中谋生存、求发展。如何在激烈的市场竞争中立于不败之地，关键在一个“优”字。驾校与其他生产企业不同，企业生产的是固定产品，而驾校造就的是人，是有思想、有灵魂、有行为能力的活体，这就要求驾校的工作必须在“优”字上做文章。不仅环境要优、设备要优、教学质量要优，更重要的是服务要优。

1. 树立学员至上的服务理念

在教学培训中，教练员要树立学员至上的服务理念。要视学员为亲人，要让学员从报名到培训再到考试整个过程中体验到贴心细致、周到的优质服务，使他们有一种宾至如归的感觉，从而让他们放下思想包袱，快乐学车，安心学车，争取早日考取驾照。

2. 努力让每位学员都满意

学员来自五湖四海，性别不同，年龄不同，他们所处的社会背景不同，文化程度不同，经济条件不同，所以会导致认知度差异。这就要求学校因人而异来制定教学培训方法，既不能厚此薄彼，又要因人施教。这样才能做到让每位学员都满意。

3. 精心教学 为学员释凝解难

采取朋友式教学方法。在教学培训过程中，教练与学员要融为一体，多交流沟通。教练要像朋友一样教学培训学员。对学员提出的一些疑难问题，要耐心细致并不厌其烦地进行讲解、分析。直到学员弄懂为止。这样才有助于学员将这些技能牢记心头并运用到实际操作中，以利于学员快速掌握基本技能。

4. 坚持以学员为中心

学校的各项工作要立足社会，立足学员，始终以学员为中心。要把始于学员需求，终于学员满意作为最根本的工作来抓。急学员之所急，应学员之所求，帮学员之所困，解学员之所难。

有了优美的学车环境，有了严格的内部管理，有了突出的教学质量，有了优质的服务水平，就会拥有良好的口碑，以学员带学员来学车的良好愿景就会实现。如湖南省怀化市新晃县金龙驾校的生源就有近三分之一是慕名而来的贵州籍学员。

作为曾获得全国文明诚信优质服务驾校和全国驾培行业文明优质服务优秀单位等殊荣的湖南省怀化市新晃县金龙驾校,经过十一年的不断努力、探索、改革、创新。如今以其管理严格、服务优良、教学质量和质量信誉考核稳居怀化市前茅的良好口碑成为享誉湘黔两省边界的品牌驾校。也成了怀化市乃至湖南省驾培行业的一道靓丽风景线。

服务：驾校竞争中的生存与超越

深圳市通品机动车驾驶培训有限公司　李利琳

驾培作为带有服务属性的朝阳产业，在去年却遭遇了行业开创以来的最强寒冬，考试积压、市场低迷，招生下滑，不少从业者如坐针毡，悲观失望。为了生存，大家纷纷打起了价格战，你优惠500元，我优惠1000元，形势依然没有好转。很多驾校招生靠降价、经营靠挂靠、盈利靠克扣，各种乱象丛生，行业一片萧条。

驾培行业究竟出了什么问题？

驾校应该如何过冬？

回答问题之前，我们需要首先对驾培市场本身作一个全面的了解和分析。

驾校提供的是学车服务，学车是一个人一生一次的选择。因为是刚性需求，所以，这个行业不可能投机，也很难产生泡沫，行业本身的发展是正常和良性的。就市场空间而言，我国正处于城市化高速发展期，进城的群众将融入城市，也逐步开始享受以车代步的生活。快速的城市化进程和汽车保有量的增长给各个城市的驾校都会带来源源不断的生源。目前，全国有近40多个城市的汽车保有量超过百万辆，其中北京、深圳、上海、广州等10多个城市超过200万辆，而且这个数字还在不断快速攀升。由此我们可以看出，驾校行业的发展有着自身的生命力，在合理引导与规范治理中也将获得更多机遇，未来发展空间依然大好。

既然市场有需求，且有极大上升空间，那么，问题的根源就可以肯定是出自内部。驾校要想顺利过冬，就必须从内部解决问题。经过综合诊断，目前主流的结论是问题有两方面：行业管理缺乏放权；驾校服务停滞不前。

驾培作为经营类似、竞争激烈的行业，一段时期以来，因为需求强烈，导致群雄并起，泥沙俱下。在百姓眼中，驾培行业"黑幕"重重，负面舆论屡见不鲜。本身机体不健，一遇气候变化，自然重症感冒。老路走不通，新路不会走，这就是变化转型期的痛苦所在。要去除病症，只有不断苦练内功、调整自我，全力打造高水平的服务体验和教学质量，摆脱地)转变为有质量的内涵式增长(抓好教学质量、提升服务品质、进行精细管理)转变;从市场导向型(价格控制招生)向能力导向型(强调质量和品牌)转变。管理是否规范、服务是否到位,将成为驾校最大竞争优势。

所谓服务,是通过特定的方式、方法、态度、技巧和情绪,通过行动的努力满足学员物质、精神和便利的需求,进而树立品牌并吸引到新学员的过程。找到任何一家成功驾校经营者,问他们成功的原因,几乎都能得到这样的回答:“因为我们为学员提供了非常好的服务”。事实确实如此。尽管每个人都声称服务第一,但真正做到这一点很不容易。要通过提升服务取得竞争中的生存和发展,在行动上驾校至少应做好三个方面工作。

一、从上至下顺应体制市场化变化

每个人既是服务者同时又是被服务者,服务的重要性人人都能理解,但驾培行业的现实情况却不尽人意,原因在于体制。开办驾校有资质门槛,一般很难获得通过,有些城市甚至处于停止审批状态。在这种半垄断性质下,驾校就像某些行业,就算我态度不好,也没有人可以彻底替代掉我,学员也只有通过驾校这个唯一渠道才能完成学习。垄断必然产生腐败和低效,竞争才能促进服务和发展。

驾校出路在哪,今年驾培业不管是从主管部门还是驾培市场反馈的最强音是——改革!

2015年12月10日,公安部、交通部共同制定公布了《关于推进机动车驾驶人培训考试制度改革的意见》,意在推动我国驾驶人培训考试制度全面改革。自主约考、异地考试、放开驾校准入等一系列的措施,真正体现了正常的市场规律。这样的改革是为了将考试的时间成本最小化,每个人更方便根据自身的条件去学习,从根本上来说就是为了把考试部门变为服务型的部门。也许,这种市场体制的改革还存在实践的困局,但毕竟春雷骤响、坚冰已破,驾校必须提前应变,以服务顺应趋势,保证你的企业比别的驾校服务得更好。驾校不“革命”必死!在驾改未落地前,驾校必须先“革掉自己的命”才能在日益激烈的行业竞争中生存下来。学员练车这就像去商店买东西一样,一分钱换一分货,难道他会送礼给售货员让他拿好一点的货吗?直接多掏钱跟他说买更好的不就得了。如果你服务差,就去别家买——市场规律就是这样残酷。

至于教练员,则更需看到体制变化所带来的危机和挑战。以前教练证很好考,职业门槛不高,所以什么样的人都有,甚至根本就不会教。现在教练证取消了,驾校选择教练员有了无限的空间,可以根据自己的需要从多种渠道灵活选用高水平的人员,在这样的背景条件下,如果少数教练员依然麻木不仁,过一天混一天,很快就会被市场淘汰。

二、正确处理短期与长期利益的关系

对驾校服务的诟病，大部分集中在教练的态度和教学上，包括教练的呵斥、不耐烦、收黑钱等等。教练为什么会这样？因为指标和合格率事关他的切身利益。教练当然可以慢慢地教、耐心地教，这样学员的技术和合格率都会有保证，但教练的工资就是底薪加提成，而提成主要就是与考试项、合格率紧密挂钩的。对教练员而言，考得越多、合格率越高，他的收入自然也就越高。耐心慢慢地教显然是与收入的增长背道而驰。

作为驾校经营者，当然注重利润，想方设法去控制成本，这一点本身没有问题。办企业当然是为了赚钱，但绝不仅仅是为了钱，更不是杀鸡取卵、唯利是图。我们不能忘了社会效益，不要轻视服务所能带来的长期利益。驾校的服务在很大程度上左右着学员的选择，名气大、口碑好的驾校自然会招收更多的学员。在这个博弈中，精明的经营者应该不难做出选择。我们的观念要真正转变，使优质服务成为企业经营的主要指导思想，工资设计要进行调整，要有意识地加大服务、学员投诉处理的权重，建立合理的激励机制，引导教练员和其他员工面向市场和学员，逐步扩大市场影响，保持企业长久发展。

三、把握实质、落实服务

服务当然包括场地、车辆，也包括微笑、耐心。时移世易，服务的内涵外延都有了变化，但如果将这些不同的形式和标准进行归纳，并站在市场和学员的视角去审视，驾校的服务无非就是三个基本点：满足我的需求（我有不同类型，服务也需异质性）；保证需求的便利性（包括网络报名约车、考评、计时学车等）；帮我省钱（包括薄利多销、分期付款、上门接送、提升合格率等）。如果再加上企业品牌建设的角度，服务还应包括满足需求所需要进行的互动，包括广告意识、沟通渠道、交流艺术、公益回馈等，增加社会对公司的好感和产品的欲求。这四点是服务的实质，学员不需要语惊四座的豪言，也不要求你有惊天动地的壮举，人心是杆秤，服务到位了，学员自然满意、市场当然买账。其他诸如班别设计、内部流程、教学规范、廉政监督等等，都是围绕根本、保证服务而进行的。

诗和远方，事业飞扬。还记得大部分经营者刚刚跨入这个行业时的情形吗？是服务使得驾校越来越大，也是服务造就了一大批优秀的驾培从业者，还是服务让大家把驾培当成了事业。不忘初心，方得始终。无论政策环境如何复杂多变、营销手段如何眼花缭乱，我们都要始终不渝的坚守着当初的承诺，回归服务机构本真。服务是根本，品质是王道，唯其如此，我们的理想才能得以实现，事业才能得以成功。

抢占市场　破旧出新

——浅谈驾培行业的改革与发展

重庆顺多利驾驶培训有限公司　杨　帆

一、驾培行业现状及问题

1. 驾培行业现状

受到人民经济收入提高，消费意识改变，教育程度提高以及道路交通完善等社会及经济因素的影响，汽车早已走入普通百姓的生活。人们出行方式的改变和消费意识的转变使得汽车逐渐成为家庭出行的标配，除了作为一种身份的象征，更多的是满足了人们生活出行的需求。

再加之科技的发达，使得汽车不再是一种奢侈品，不管是从性能还是价格方面，都为人们提供了更多，更好的选择。当需求和消费能力相互匹配的时候，便出现了群众购车热潮。这股热潮带动的不只是汽车行业的迅猛发展，也使得驾驶培训行业，一时间如雨后春笋般出现在人们的生活之中，可以说，当今社会已经进入到汽车后服务时代。

但是，驾培这个行业在中国，其实是一个门槛低、管理粗放、监管不当的备受争议的行业，市场的倒逼和中国汽车消费的快速发展，使得传统的驾校已经不能满足社会和学员的消费需求，整个驾培行业都面临着急需改革创新的新局面。

2. 存在问题

驾培行业作为现代服务业，是汽车行业迅猛发展所带来的衍生产物。为了迎合市场旺盛的需求，中国的驾驶学校往往把帮助学员拿到驾照视为是办学的初衷。这种急功近利的商业初衷直接导致现在驾校行业的停滞不前。“多、杂、乱”——这就是现在驾校的一个现状，培训学校衍生为获得驾照的一个工具，大多数驾校依旧停留在粗制滥造的阶段,没有体制,没有程序,没有系统。

(1)管理不规范。所谓管理不规范,它包含两个方面,一是制度、程序欠缺,二是执行力不强。举具体的例子来说,学员反映的最突出的两个问题:一是等待时间过长,而上车时间较短;二是教练态度差,甚至不乏出现收受礼物,骚扰女学员的情况。这些问题背后凸显的都是管理上的不规范。首先在制度上,很多驾校没有明确地作出规定,管理也处于一种随心所欲的状态。这种无系统的管理模式直接导致了管理的混乱。驾校站在自己的角度上安排学员的教学时间,作为消费者的学员却不得不去配合驾校的安排。这也是为什么有些学员会遇到一辆车同时有 10 人进行训练,等了半天却只能够开上两三轮的原因。首先驾校没有站在学员的角度上思考问题,而是让学员配合自己的时间,不在乎教学品质,即使学员人数超过限定,还是一股脑地打包安排,其次,即使有了制度或是规定,在执行过程中是否严格遵守又是另一个问题。每个驾校都把“教练不得收受学员礼物”挂在嘴边,甚至挂在驾校最显眼的地方,但实际上, 这些情况依然层出不穷。如果不拿钱进行打点,等待学员的就可能是遥遥无期的考试时间。最近,各个地方还出现了女学员遭到教练骚扰的现象,直接反应了驾校管理的混乱。这些仿佛成了驾校的潜规则,当学员提及这些混乱的管理的时候虽然都是义愤填膺,但大多数还是缄口不言,继续把这种“优良传统”延续下去。倘若驾校能够通过完善的制度约束教练的行为,并且在严格的制度规定上对这种现象进行监管,为学员的切身利益做好把关工作,为学员提供一个可以发声的机会,才能真正赢得学员的倾心。由此可见,规范的管理制度,严苛的执行力度是保障学员利益不可或缺的一环。

(2)应试模式明显。正如上文所说,中国大多数驾校的办学初衷是为了帮助学员拿到驾照。“拿”到驾照是学员的最终目的,所以很多驾校把它作为自己办学的唯一目标,却忽视了驾驶培训行业的真正意义。如同所有的教育行业一样,驾培学校是育人,所谓育人,不只是按部就班地将知识、技能强灌给学生,同时也需要对学员的人生负责。驾驶技能的好坏直接关乎学员的生命安全,甚至关乎其他人的生命安全。教练教授的不应当是所谓的考试要点,考试技巧,而是真正让学员吃透驾驶规则,懂得举一反三。而目前,几乎所有的学员都是靠着那些条条框框,那些所谓的考试秘籍侥幸地通过考试,但是走出考场,谁又能为他们的安全负责,为他们的生命负责。

二、顺多利驾驶培训学校的改革与规划

1.“一人一车,自主预约”

针对目前广泛存在的约车难,等待时间长,上车时间短的问题,顺多利多次去到上海“荣安驾校”及其他优质驾校进行学习取经,后推出“一人一车,自主预约”的培训模式。顺多利摒弃了传统的培训模式,将自由选择的权利交到了学员的手上。借助于方便快捷

的互联网平台，实现了自主预约时间，自主选择教练员的培训模式，最大程度上满足了学员的需求。按照传统的教学模式，驾校直接把学员分配给教练员，首先在教练员的选择上，学员没有了发言权；其次，一个教练员同时教授几个学员，时间上的分配不均匀和不确定性，造成等待时间长，但上车次数少的情况。但是通过自主预约平台，学员能够根据自己的要求对教练员进行选择，很大程度上避免了教练员与学员之间的矛盾。而这一举措也从侧面约束了教练员的行为，如果想要争取到更多的学员，就只能够提高自己的技能和素质。同时，将一人一车和自主预约学习时间结合起来，不仅保证了学员的上车时间，使学员能够在预约时间内得到集中的指导，同时也避免了以往等待时间过长的问题，很大程度上为学员节约了时间。总的来说，这是将自主选择权交到了消费者手里，从而避免了本末倒置的问题。

2. "计时培训，先学后付"

以往驾校采取的是一次付款，包干培训的付款方式，即先付款，后服务。这种方式的最大弊端在于学员无法对驾校的服务质量做出评判，即使在学车过程中对教学质量有所质疑，也无法收回学车费用。针对这样的问题，我们在"一人一车，自主预约"的培训模式上将推行新的付款方式，变一次付款，率先付款为计时培训，先学后付。这种模式改变了过去驾培机构为了增加招生数量，压缩学员培训时间的恶劣现象，首先做到了规范学时，保证了学员的学习时间，让学员能够从学习质量、服务水平等方面对驾校服务做出评价。从客观角度上来讲，对于提高驾校的教学水平也起到了一定的监督作用。同时，它也使学员和教练员的关系单纯化，由师徒关系简化为买卖双方的关系，有利于消除传统模式下的不良风气。

3. 薪酬结构调整

按照传统的方式，教练员的工资主要是底薪加提成，即以考试通过人数来决定工资的多少。这样的工资体系过于简单，而且极易造成由于教练员急功近利而忽视培训质量的问题。经过市场调研和多次讨论，顺多利在传统工资体系上拟制出一套更加细化，更加灵活的工资方案，将工资分为学时工资 + 训练成绩奖 + 招生、服务、安全管理奖 + 其他。

较以往不同的是，学时工资很好地弥补了培训费用一次付清，培训时间缺少机动性的弊端。对教练员来说，这有利于提高他们的工作积极性，不再把那些接受能力差，培训时间长的学员视为眼中钉。相反，对于学员来说，在接受培训的过程中也变得更加有底气，其服务质量也得到了保障。

其次，将训练成绩奖，招生、服务、安全管理奖作为一种激励机制，促使教练员不断提高自身的培训能力。同时，从驾校的角度来说，也不再以考试通过率为唯一的工资评判标准，而是在服务质量，安全管理方面对教练员进行了考核，将教练员工资与学员评价，安全保障挂钩，切实地保障了消费者的利益。

4. 加强配套设施

目前市场上的驾校大多停留在发展的初级阶段,驾校的功能比较单一,仅仅只是为了满足学员的学车要求。但是,随着人们消费水平的提高,消费意识的转变和整个驾培行业的发展升级,单一的培训功能已经不能够满足学员的学习需求,也不再能够成为吸引学员的一个亮点。如何在荆棘遍布的市场中寻求到生机,这需要驾校从自身角度进行创新升级。在顺多利今后的规划当中,我们将完善整个驾校的配套设施,除了训练场,我们将提供餐饮、超市、精品店、洗车店及酒店等优质服务设施供学员使用,让学员在学车的过程中感受到学习之外的便利和舒适。这也成为我们在市场宣传中的一个独特的亮点。

5. 培训与竞争

为了加强驾校人员的技能和素质,将定期把驾校人员送到上海甚至日本去学习先进的管理模式和培训技能,加强人员的素质和能力。同时,定期召开技能竞赛,让教练员同台竞技,以赛代练,促使他们不断学习,不断进步。

总的来说,不管外部条件如何,市场竞争靠的最终还是管理团队和教练员的能力和素质。不管是培训还是技能竞赛,都得以让教练员获得学习的机会,在一个开阔的环境中提升自己,这是从内在进行的升级改造,也是整个驾培行业发展升级过程中的重要环节。

三、未来的展望

我们正面临行业转型升级和洗牌的重要时期,行业焦灼,经营处于混沌期,产业发展方向开始有些动摇了。特别是那些想急功近利的、想找快钱的老板,已经开始举步维艰。新的驾培方式正在捕捉市场新需求,一大批守株待兔的和打价格战的驾校只能落得苟延残喘的境地。

如何把学车者变为消费者,这是我们理应思考的问题。驾校就是为消费者提供服务,我们要在服务上下足功夫,才能够争取到广大的市场。

驾校不只是传授一项技能,更是在育人,这属于教育的范畴。当我们转变教学初衷的时候,就能够真正看清驾校的意义是什么。

以“变”应“变”,这是未来驾培行业的发展方向。也唯有破旧出新,才能够抓住行业洗牌的重要时期,先声夺人,抢占市场。

简介

杨帆,现任重庆顺多利驾驶培训有限公司联系总经理。

重庆顺多利驾驶培训有限公司成立于2013年初,具有C1/C2(小型车)驾驶培训资质,是重庆市运管局评定的五星级驾校。我校秉承“尊重生命,驾驭幸福”的办学理念,重素质教育,以培养合法合格的驾驶人为己任,为社会交通安全、提升老百姓幸福感尽最大努力。我校坚持“一人一车,预约学车,先学后付,满意付费”的经营理念,树行业典范,做品牌驾校,是我们的追求;做高起点、高质量、高标准、优服务的新型驾驶培训学校是我们的宗旨。

教学方法

浅谈“阳光 e 驾”教学规范化之路

阳光易驾投资管理有限公司　范丽平

[**摘要**]　随着汽车时代的来临,驾培市场迎来了大发展的机遇。江苏港城汽车运输集团有限公司机驾人员培训中心顺应时势,于 2011 年 11 月首创了“阳光 e 驾”品牌的点单学车新模式。阳光 e 驾处于预约点单新模式的战线前沿,只有培育和构建一支规范化教学的教练队伍,才能保证教学质量,满足社会需求,把握发展机会。

所谓“阳光 e 驾”,即预约点单驾培新模式,与传统驾培模式有很大的不同。其精髓在于先学后付,学员自主。“阳光 e 驾”的创新之处在于打破了传统的一师到底,学员围着教练转的传统学车模式,其理论依据有两个,一是教学过程有可遵循的、普遍适用的规律;二是教学内容可分割。传统模式的教学过程犹如家庭作坊,教学目标通过教练员经验来实现,对教练员的规范化要求不高;“阳光 e 驾”的教学过程犹如车间作业,教学目标通过贯彻教案流程来实施,对教练员队伍规范化程度要求高。从 2011 年创立以来,“阳光 e 驾”从一所 30 辆教练车的驾校逐渐发展成 155 辆教练车 5 所分校的集团公司,其教练员来自社会的各个层面,不仅性格不同,教学理念也不尽相同。如何适应“阳光 e 驾”教学模式的要求,统一教学理念,规范教学方法,再根据实际情况不断完善与修正,从而将教练员个人能力统一到团队作战的大方向,成为“阳光 e 驾”首要解决的问题。

一、教学“策略的分类”

所谓教学策略,是教练员围绕教学目标所开展的理论讲解与操作训练的总和,教学策略是教学规范化的重要组成部分。“阳光 e 驾”管理团队对于教学策略的理解,也存在不同的观点。一种观点认为,教学应发挥教练员的个人能力,并根据学员的不同情况,采取相应的教学策略。另一种观点认为,“阳光 e 驾”教学策略应统一,教练员个人教学能力应该服从于“阳光 e 驾”大策略。根据研究，教练员常用的教学策略大体可以分成以下几类：

1. 严谨型

强调基础动作，一丝不苟。严格规范组合动作，甚至对动作之间的衔接都有明确、具体的要求。优点是：指导思想明确，学员学习时没有困惑，操作性强。缺点是应变能力差、学员主动观察思考意识薄弱。

2. 感觉型

强调学员的主动感受，鼓励学员加深体会，大胆尝试建立车感。允许学员操作上有瑕疵，鼓励学员面临问题时主动思考，学会调整。优点是：灵活性强，主动意识强。缺点是：对经验欠缺的学员来说，有时候发挥不稳定，尤其是那些判断力不强的学员，常常会因为犹豫不决而错失时机。

3. 亲切型

强调良好的教学氛围能帮助学员克服紧张、恐惧等不良情绪，能够达到良好的训练效果。优点是：在训练活动中，积极营造良好的教学气氛，产生了良好的社会影响，颠覆了大众对驾培活动的传统认知。缺点是：对付注意力不集中、情绪变动大的学员办法不多，教学效果不佳。

4. 潜能激发型

以人在极端压力下，能爆发最大潜能的理论为基础，提高了训练指标和训练强度。以保持学员最大程度的投入训练，强化反应和操作，主动思考和领悟。优点是：对素质好的学员产生了非常好的训练效果。缺点是：对一些心理素质差的学员则造成了较大的负面影响，从而加重了厌学、恐惧、紧张、慌乱等不良情绪。

以上总结的常见的 4 种教学策略，各有优点及不足。理想状态是教练员能熟练运用多种教学策略，适应不同的学员，因人施教，从而实现教学目标。然而在实际运用中，教练员由于个性、情境等原因，对学员的判断及策略的运用方面存在差异。特别是在“阳光 e 驾”这种学员自主选择教练员，自主决定学习进度，自主约考的模式下，会产生一对矛盾：一方面在学的过程中，某一位学员选择的教练员往往不止一个，教练员根据学员情况作出判断，采取的教学策略很难一致；另一方面在教的过程中，某一个教练面对的学员师从多个教练，学员在以往学车过程中形成的感受领悟各不相同，从而造成教与学的矛盾。随着时间的推移，这对矛盾对学员，尤其是更换教练员比较频繁的学员产生了越来越强的困惑，不仅影响了学员的考试合格率，在教练员队伍中也是争议频发。

二、规范教学实践过程

1. 规范教学第一步——理论讲解

2012 年下半年，“阳光 e 驾”管理团队开始着手规范教练员的理论讲解。以往的教学规范活动中，“阳光 e 驾”仅强调了教练员理论讲解的时间与礼仪规定，但在实践操作中发现，教练员在理论讲解方面普遍存在误区，主要表现为两个不适应：一是讲解内容与学员接受程度不相适应，部分教练员专业水平较高，讲解的理论过于深奥，学员难以接受；二是讲解水平与操作技能不适应，部分教练员能做不会讲，甚至有些教练干脆就不讲。为了改进培训质量，提高教练员的理论讲解水平，“阳光 e 驾”组织开展了理论讲解的培训与比赛。

理论讲解培训历时六个月，组织“阳光 e 驾”全体教练员分为七批，每批人员控制在30 人以内。培训中明确了一堂训练课应包含：

(1)课题内容讲解(介绍今天我们学什么)。

(2)实际指导训练。

(3)课后总结(取得的成绩，存在的不足)三大基本部分。

目标是学员学完后，对这一堂课，学了哪些东西，还存在哪些问题都能比较明确。同时该活动还强调了教练员分析问题、解决问题的能力。要求教练员讲解时针对强，主题明确，语言简练、生动、有效，不要离题千里，废话连篇，讲了半天学员不知所云。经过培训，教练员理了思路，掌握了理论讲解的目标、方法、步骤。“阳光 e 驾”从 2014 年起，每年都开展理论讲解比赛，要求全体教练员都要参与，逐个上台讲解。由于领导重视，措施有效，教练员们的理论讲解水平得到了较大的提升，在以后几年张家港市首届教练员技能大赛中，“阳光 e 驾”的教练员凭借规范的语言表达，深入浅出的理论阐述，在理论讲解部分占绝对优势，最终包揽了大赛前五名。

理论讲解水平提升后，“阳光 e 驾”管理团队适时总结，对原有教案进行了修订。在教案中明确了理论讲解的规范化要求，将教学活动分为三大基本阶段：

(1)场外基础：学员了解，熟悉掌握汽车的基本操作机件，转向盘、离合器、加速踏板、制动踏板、挡位的使用。加深加速踏板、制动踏板运用的体会，在道路上能基本完成起步、转弯、停车等操作。

(2)场内练习：通过场内五项的单项和综合练习，使学员掌握半联动，低速行驶能力，快速打方向的能力和边开车边注意观察的能力，尤其是后视镜观察能力。为今后场外练习打下基础。

(3)安全文明驾驶阶段：帮助学员建立遵守交通法规的好习惯，增强对道路情况的阅读、理解，选择合理的驾驶行为。指导学员在行驶过程中培养安全意识，发现行车过程中可能发生的危险，采取预见性驾驶，对意外情况早观察、早处理等，强化考点，增加考前适应性训练。

理论讲解规范化是“阳光 e 驾”在教学规范化道路上迈出的第一步，成功的引发了全体人员对“教学规范”的关注和思考，明确了教学过程中的三大基本阶段及各阶段的目标，使广大教练员在进度上保持一致，但这一次活动仅限于理论讲解，对于训练中存在的一些普遍问题没有展开专门讨论并提供解决方案。

2. 规范教学的基础——统一方法

在每一次改变的背后，必然有幕后看不见的推手。让"阳光e驾"管理团队深刻理解规范化教学要义的直接原因，是苏州车管所驾考规则的改变。2014年4月底，苏州市车管所为了强化学员主动观察思考的能力，对科目二考试取消了以往的安全员(带考教练员)随车考试，改用电子仪器进行考试。"阳光e驾"在第一轮参考中，因为学员不适应，安排不合理等原因，考试成绩极不理想。2014年5月4日至26日，参加科目二考试共319人，合格率仅为58.3% 。面对失败，大家集思广益寻找原因，一致认为教学方法不统一是考试成绩不理想的重要原因。体现在考前适应性训练中，学员与安全员(带考教练)都面临巨大挑战。由于彼此之间并不熟悉，造成沟通不顺畅，学员对安全员的安排不理解，抵触情绪较大，导致训练效果差，第二天考试时人心躁动不安，教学双方都极易产生情绪不稳定，一些原本练的不错的学员也未能通过考试，造成合格率低下。

为了改善教学矛盾，提高合格率，"阳光e驾"管理团队深刻地认识到：所谓规范化教学，仅仅停留在理论讲解层面是不够的，还必须在训练方法上保持一致。举个例子，以往在教学员倒车入库时，同时存在三种教法，打方向的角度，看的点位与时机掌握都不相同。现在则必须摒弃其他，只确定唯一的一种倒车入库的方法。对此，也有部分教练员提出一种教法是否能适应全部学员的疑问。为了检验统一教法的可行性，"阳光e驾"首先选择了城南中心学校的团队5班进行试验。团队5班共有教练员10名，平均年龄40岁，平均教龄2年。先是统一团队5班5名安全员(带考教练)的思路，对训练中各个环节明确唯一的训练方法，然后由安全员(带考教练)辅导团队其他教练员，确保团队内部实施统一的教法。这样做以后，统一的教学方法与"阳光e驾"流水线作业的模式特点相适应，发挥了团队的合力。在随后的考试中，该班组星光耀眼，成绩遥遥领先。2014年5月30日，"阳光e驾"参加科目二考试学员104名，平均合格率74.04%，其中团队5班报考学员32名，平均合格率81.25%。事实胜于雄辩，"阳光e驾"抓住时机，督促其他班组跟上五班的脚步，实行团队内部统一教法。这一过程中，也有一些人有意见，不愿改变。"阳光e驾"总教练范丽平多次和有想法的教练员沟通，说明统一教法的重要意义。在各方面努力下，统一教法活动稳步推进，2014年6月份起，"阳光e驾"新模式科目二考试成绩趋于稳定，保持在85%以上，在苏州市各驾校排名中处于前列。

"阳光e驾"管理团队趁热打铁，及时将科目二考试取得的实际成果加入教案。增加了学员克服紧张情绪、考前睡不着觉、着装和鞋子对开车的影响、教练员如何和学员进行有效的沟通等常识问题的讲解。本次活动是对第一次活动的丰富和补充，使其实用性大大增强。

3. 规范教学的重点——制度引导

规范化教学之路并不是一直平坦，更不是一蹴而就的。就在"阳光e驾"新模式的教法统一，科目二合格率稳定后不久，新的危机又来临了。2014 年 9 月份，苏州车管所推出科目三场外道路驾驶电子化考试，观山考试基地新建的科目二 5 号考场也正式启用，“阳光 e 驾”新模式再次暴露出了灵活性不足，应对滞后的问题，考试成绩开始下滑。9 月 18 日，“阳光 e 驾”参加科目三场外道路电子化考试 84 人次，合格率 67.8%；9 月 27 日“阳光 e 驾”在苏州考试基地 5 号场进行科目二场内道路考试，参加 229 人，合格率仅75.5%。前文说过，“阳光 e 驾”新模式是规模化生产，传统模式则类似家庭作坊。所谓船小好调头，传统模式的教练员能根据情况对症下药，快速的调整训练方法；而对于“阳光 e 驾”来说，牵一发而动全身，一次调整涉及全部教练员与在训学员。面对新出台的电子化考试新规则。科目二 5 号考场截然不同的项目布局，不仅管理团队需要明确方法，教练员理解需要时间，不同学习进度的学员训练方法还要确定如何调整，这些都是一时间难以解决的问题。原有的训练方法需要改进，原来取得的部分教学成果已不适应当前的形势，“阳光 e 驾”迎来了有史以来最大的危机。

这一轮危机延续的时间比较长，暴露的矛盾也比较多。在危机面前，“阳光 e 驾”管理团队统一思想，坚持以人为本，制度引导。先后两次修改学时费发放规定，通过强化教练员责任心，约束部分自由散漫的教练员，用工资收入的杠杆扭转不利局面。总体方针是让教练员和驾校同命运。驾校荣则教练员收入增，驾校辱则教练员收入减。同时改进和完善教练员考前测定及学员预报考的规则，明确责任与公平透明双管齐下，加强学风建设，缓减学员上车难、考试难的情况。通过努力，从 11 月起，“阳光 e 驾”科目二的考试合格率开始持续上升。

在这一轮危机中，“阳光 e 驾”的管理团队始终保持着高度的统一，坚持“阳光 e 驾”先学后付，学员自主改约的精神要义不动摇。管理团队以积极的心态，高昂的斗志，引领广大教练员克服困难，督促教练员加强责任心，尽心尽责的完成本职工作。在训练场、在考试场，到处挥洒着管理团队成员的汗水。这一轮危机中同样涌现出了一批勇于担当、不计个人荣辱、不推卸责任。个人教学风格和能力取得长足进步的优秀教练员。同时，管理层对逃避困难，投机取巧，放任自流的消极现象不手软，及时按章处理，教学风气得到很好的净化。危机就是机遇，在逐步走出危机，稳定人心，合格率不断上升的过程中，“阳光 e 驾”管理团队也收获着经验，收获着各方面人才的成长。

三、规范化教学的总结与方向

在探索教学规范化建设的道路上，“阳光 e 驾”管理团队充分认识到，规范化教学的本质是在教学过程中贯彻落实尊重教学双方，整个团队一盘棋的思想。具体从三个方面展开论述：

1. 规范化教学的五个维度

(1) 教学目标。从单纯地追求合格率统一为提高学员的自主驾驶能力。帮助学员能够通过观察,根据道路实际情况,选择合理的驾驶行为,并顺利完成操作。

(2)分段考核。每一个教学阶段都必须有具体的目标,教练员与学员双方都必须明确知道,并为实现目标共同努力。

(3)学员成长的一般规律和常见问题的应对方案。学员成长的一般规律是先熟练基础动作,这一阶段不宜求快。要力求准确、规范,养成正确的习惯。然后进行观察、反应判断练习。因为实际经验的不足,该阶段练习应循序渐进,教练员在确保安全的前提下,通过现场讲解,帮助学员建立"通过路口要一慢二看三通过"、"处理情况要优先控制车速"等基本理念。再次,在学员比较熟练、经验相对丰富以后,进入强化反应训练阶段。该阶段同样在教练员确保安全的前提下,通过督促学员提速,加快节奏的方法,使学员高度集中注意力,使学员自己能从容应对复杂路况。最后根据学员自身的特点教练员帮助学员形成自己的驾驶风格。快者灵动,慢者沉稳。此外,在培训过程中,出现的紧张、慌乱、易忘记动作、野蛮操作等普遍现象,组织教练员展开讨论。研究这些行为的内在规律,找到有效方法。

(4)注重教学氛围的营造。统一教练员的形象塑造,鼓励教练员之间互相沟通与交流,努力缓解学员由于陌生而产生的紧张情绪,将营造良好的教学氛围放在教学的首要位置。

(5)学员相关权利的保障。主要是学车流程要公开、公平与公正。

2. 规范化教学要注重积累

据统计,"阳光 e 驾"的学员年龄呈现两头大,中间小的变化,生源中学生与大龄学员增多。2013 年,学员的平均年龄为 30 岁,2014 年,学员的平均年龄为 29 岁 ,2015 年以来,学员的平均年龄一直在 29 至 30 岁之间。随着生源结构的变化,"阳光 e 驾"的教学也要与之相适应。在"阳光 e 驾",学车接受能力较差的学员占总数的 10% 左右,这部分学员是提升教练员教学能力的磨刀石。与传统模式教练队伍不同的是,"阳光 e 驾"的教练员取得的教学经验可以更快更好的分享给全员。"阳光 e 驾"以团队为单位收集教学案例,针对不同特点的学员,在不同的学习阶段所面临的不同问题做分享。在训练方法统一的前提下,提出切实可行的调整范围供教练员研究,以体现理论指导实践最具实用价值的一面。这些经验由教练员归纳、总结、提交给技术部门整理,进一步细化训练方法。对于优秀教练员提供的实用价值大、推广潜力的方法成型后,给教练员以冠名权,鼓励大家献言。成型的方法存入资料库,供大家根据实际情况选用。

3. 规范化教学的三个努力方向

(1)建立一个相对完善、实用的教学生态系统,它能根据实际情况自我维护,保持活力。

(2)启发教练员思考自己的工作方向和驾校未来之间的关系,强调个人服从团队,鼓励在规范化教学的前提下的特色教学。

(3)强化技术部门的相关职能。如及时总结经验推广运用、对数据进行统计分析提前发现问题等,为教练员提供技术支持,解决实际困难,减轻教学压力。

以上三点中,创建生态的教学系统最为重要。理想中的教学系统有明确的指导思想,就像一个路标,指引着我们的教学方向;还要有具体可行的操作方法,能根据考试规则的改变快速调整。在大系统的范畴下,教练员可以根据自身特点,依托规范化教学的成果,建立自己的教学系统,形成教学特色。从而可以使教练员根据学员的不同情况,制订出目标性更强、见效更明显的教学教学计划。

综上所述,教学规范化是"阳光 e 驾"新模式发展的必然要求。规范的目的是为了促进教练员队伍整体素质的提升,从而保证培训质量。在规范化的过程中,教练员个体的思维必须统一到团队的轨道上,形成合力才能实现教学的目标。规范化教学的对象应该是驾校、教练与学员三方,对于驾校来说,要努力设立生态的教学系统,效率优先,兼顾公平;教练员要尊重学习的普遍规律,活学活用规范化教学的规定,与学员的个体情况相适应,尤其要关注学车的氛围;学员应遵守新模式的规则,更换教练后主动与新教练员沟通,及时向驾校反馈学车情况。总而言之,"阳光 e 驾"在教学规范化道路上的探索才刚刚起步,新模式团队作战的优势只发挥了一小部分。相信在国家政策支持的大背景下,会有越来越多的驾校投身新模式培训中去,共同推动教学规范化的进程。

简介

范丽平,机动车驾驶员技师,总教练。

苏州市阳光易驾投资管理有限公司坐落于张家港市,成立于 1989 年,经营范围包括驾驶员初证培训、交通从业人员资格证培训、交通行业员工技能培训等。驾校现有 A1、A3、B2、C1、C2、C5 各类培训车辆 331 台,其中用于阳光 e 驾预约点单新模式培训车辆 226 台。下辖机驾人员培训中心(传统模式)、港城交通职业技术学校、阳光 e 驾云南圆智驾驶员培训有限公司,以及遍布张家港市区及中心乡镇的十余所阳光 e 驾新模式驾校。2011 年,阳光易驾管理团队创新模式,抢抓机遇,培育了全国驾培行业知名品牌——阳光 e 驾,被誉为"驾培时代的江苏范本"。驾校先后获得"全国文明诚信优质服务驾校"、"江苏省信誉 AAA 驾校"等殊荣;驾校原创的"阳光 e 驾"服务品牌被评为"江苏省交通行业十大优质服务品牌"。

谈教练车的电动化

浙江省永康市先行汽车驾驶员培训有限公司　李　超　丁锦明

“从化石燃料转变到可再生能源的整个能源革命将会是一项非常艰巨的任务，如果我们想要取得成功，就需要每所大学、每个州、甚至这个星球上的每个人都参与其中。”

——特斯拉 CTO Jeffrey Straubel

采用绿色环保的教练车，培养具有熟练驾驶技能、有良好安全文明意识和绿色出行理念的驾驶员，是驾培行业节能减排，实现绿色发展的必然选择。面对越来越严格的环保要求，以及“计时付费”为主的驾培改革，推广使用节能高效的电动教练车显得越来越迫切。为此，我们结合驾驶培训工作实际，对驾培行业实现“教练车电动化”❶提出一些看法。

一、国家新能源汽车政策取向，为教练车电动化提供了难得的机遇

“以纯电驱动为新能源汽车发展和汽车工业转型的战略取向。”

——国务院副总理马凯

我国政府和汽车研发生产企业敏锐地意识到了新能源汽车是实现中国汽车工业“弯道超越”的机会，及时制定了新能源汽车发展规划——国家《节能与新能源汽车产业发展规划(2012—2020 年)》，并出台了一系列强有力的鼓励政策。2015 年 10 月 22 日，在北京召开的“全国节能与新能源汽车产业发展推进工作座谈会”上，国务院总理李克强做出重要批示，指出：“加快发展节能与新能源汽车，……扩大先进适用的节能与新能源汽车的市场应用。”我们认为，在驾校推广先进适用的电动教练车，就是落实“扩大先进适用的

❶教练车电动化：指以纯电动汽车为主，插电式混动汽车为辅的电动化，以区别低水平的“油改电”方式。

节能与新能源汽车的市场应用”的具体实践 。

二、节能减排已经成为全社会的共识，为教练车的电动化营造了良好的社会环境

节能减排已经形成全社会共识，“绿水青山就是金山银山”的科学发展观已经深入人心。十八届五中全会和“十三五”规划中“加强生态文明建设”赫然在列，也是首度进入我国五年规划进程。2016 年 4 月 22 日刚刚签订的气候新协议《巴黎协定》，中国展现了“负责任大国”担当，承诺二氧化碳排放 2030 年达到峰值，非化石能源占一次能源消费的比重达 20% 左右。承诺的这些指标将倒逼各行各业采用先进的生产方式，加速实现产业转型升级。驾校教练车的电动化这一先进的生产方式，是实现驾培行业产业转型升级的必由之路。

三、教练车电动化是建设绿色驾校的必然选择

1. 使用纯电动教练车，对环境的改善最直接

根据北京市科委“电动教练车开发及示范应用项目”测算，50 辆北汽集团生产的 E150EV 纯电动教练车在北京东方时尚驾校使用一年，每年平均每辆车减少空气污染物排放 3.2 吨。而一辆 1.6L 排量的传统动力汽车，每万公里就会耗油 1000 升，产生约 2.4 吨的二氧化碳以及大量其他有害气体，需要 130 平方米的树木一整年才能中和。

目前浙江省共有 4 万多辆教练车，按上述标准计算，假设一半使用纯电动教练车，则每年能够减少空气污染物排放达6.4 万吨。全国有62 万辆教练车，推广电动教练车减排效果将非常显著。减少的这些排放进入“碳排放交易市场”，无疑还是一笔巨大的财富。

2. 电动教练车的成本优势更加突出，适合“计时付费”为主的驾培模式

首先，纯电动汽车能够完全绕开外资在汽车关键技术上的垄断与剥削，有的还拥有自主知识产权，有利于控制整车制造成本和使用成本。若考虑国家对新能源汽车的财政补贴，电动教练车的成本优势将会更加突出。

其次，电动教练车具有良好的低速行驶稳定性，能够实现教学训练低成本运行。纯电动汽车电控系统具有集成化、模块化优势，相对来说结构更为简单一些，故障率低，维护费用低。

另外，电动汽车的安全性、技术条件日趋成熟，不仅克服了“里程恐慌”和“手动纯电动汽车手动挡改制技术”两大难题，能量使用效率也占有绝对优势。电力驱动方式的能量使用效率达到 60% ~80%，是传统燃料发动机能效（约 25%）的 3 倍。北汽集团生产的 E150EV 纯电动教练车，其充满电一次仅需 26.5 度电，能续航 160 ~200 公里，百公里消耗电量约 16 度，按照浙江省 2016 年居民用电价格 0.58 元/度和一般商业用电价格

0.89元/度计算，百公里电费成本为 9.28 ~ 14.24 元，相当于燃油汽车成本的 1/5 左右。如果使用低谷电价则成本优势更加突出。

3. 教练车电动化提高了驾校供给能力

电动汽车的智能化等高科技运用尤为抢眼，电动教练车出厂前就可以预先定制包括驾校管理、车载智能培训设备在内的各种应用系统，不仅为驾校管理的信息化奠定了重要技术基础。由于现代化、规模化、模块化生产的优势，还可以较好解决当前教练车智能终端设备改造、改装所带来的成本、兼容、美观等方面存在的问题。

在教学训练方面，电动教练车可以方便实现学驾互动、模拟考试场景、及时纠正学员错误等功能，不仅减轻了教练员的劳动强度，提高了训练效果，学员也会拥有更佳的操纵体验，经其口口相传，形成良好的品牌效应，会提升驾校的核心竞争力。

4. 体验“绿色学车”促进新能源汽车消费

截至2014 年底，全国共有机动车教练员 75 万人，全国机动车驾驶培训机构年培训量达到 2500 万人次，这是一个非常庞大的数字。如果驾校提供电动教练车进行训练，将彻底改变长期以来无法消除的“油气、废气、噪音”的训练环境。一方面，降低了几十万教练员患职业病的风险，充分实现人文关怀；另一方面，每年几千万学员驾校学员往往又是潜在的汽车消费者。使用电动教练车，相当于搭建起电动汽车与未来驾驶员之间沟通的桥梁，对学员的消费心理、消费行为将会产生潜移默化的影响。

四、促进教练车电动化的几点思路

1. 总结经验教训，形成可以推广的示范效应

在驾培行业，电动汽车使用得比较早，很多机构还进行了有益的探索。2005 年，北京科技大学研制出了 VR-5 电动倒桩系统；2013 年，江苏省淮安技师学院王荣兵的纯电动(使用铅酸蓄电池)C 照教练车研制成功；2013 年北京市科委“电动教练车开发及示范应用项目”，在东方时尚驾校投入了 50 台北汽 E150EV 纯电动教练车运营(攻克了纯电动车手动挡改制技术难关)；北京市海淀区汽车驾驶学校，较早就树立了“绿色驾校、科技驾校、人文驾校”三大办校理念，在新能源汽车产业推广工作中做出了尝试。

我们应该向这些伟大的先行者致敬，他们为电动汽车在我国驾培行业的应用进行了勇敢的探索，为我们今天推广教练车电动化积累了宝贵的经验。但是，从全国范围来看，教练车电动化的实践基本上还是单枪匹马、各自为战，有的项目缺乏科学系统的论证，甚至是低水平的“油改电”，导致教练车电动化半途而废。我们必须认真总结经验，形成可以复制电动教练车推广的示范效应。

2. 驾考中心率先使用电动考试车，这是教练车电动化的“捷径”

驾校、教练员和学员都有顺利通过考试的强烈愿望。以往驾校采购教练车辆的经验

告诉我们:公安车管考试中心考试用什么车,当地的驾校教学往往就会倾向于采购什么车。所以,我们认为率先在各地车管考试中心使用电动考试车作为切入点,引领各个驾校、广大教练员、学员"自觉"向电动考试车"看齐",以此"撬动"电动教练车市场应用,使电动汽车进驾校的阻力减小,教练车电动化效果将会比较好。

3. 电动教练车充电桩等基础建设列入政府规划,国家财政精准补贴

推广电动教练车是一个复杂的系统工程。除了驾校和教练员,还涉及道路运输、公安、电力、环保多部门,这需要加强顶层设计、统筹规划,充分发挥驾校场地平整、产权或者使用权相对独立,供配电施工、充电桩安装方便等方面的优势,为驾校推广使用电动汽车尽快扫除障碍。因此,我们提出以下建议:

(1)制定科学的电动教练车产品技术标准和市场准入条件,避免重演当前电动汽车、电动车市场混乱无序的局面;实施精准财政补贴政策,将新能源的财政补贴资金直接补贴到驾校,谁采购车辆并上牌使用,补贴资金就补贴给谁。既能达到鼓励使用新能源汽车的政策初衷,避免套取、冒领国家补贴,又能减少目前财政补贴需要地方政府"首肯"存在的"道德风险"。

(2)驾校电动教练车充电桩等基础设施建设列入政府规划,提前布局,尽快消除"充电难"这一消费瓶颈。从已经出台的国家和地方新能源政策看,针对驾校电动教练车的鼓励措施并没有得到的倾向性体现,需要驾培协会等相关组织积极呼吁,不要让驾校成为推进新能源汽车消费的"盲区死角"。

(3)加强电动教练车知识的普及宣传。我们在永康市先行驾校进行的"使用电动教练车"意向问卷调查表明,教练员和学员对电动汽车基本知识的了解相当匮乏,并存在着各种担心、疑问。"一切技术的终点就是要成为被消费者接受的商品",教练车电动化需要用令人信服的科学数据说话,用成功的样板起示范,需要政府相关部门、驾培协会、媒体共同的努力。

(4)积极引入市场机制,促进教练车电动化。在市场化的驾培行业中,推广电动教练车也是一个市场行为,最终需要市场化运作去实现。可以借鉴现在燃油汽车的营销方式,积极与生产厂家、金融机构合作,为驾校提供电动教练车租赁、分期付款等灵活多样的融资方案。特别是租赁方式,更适合电动教练车的特点,其动力源——蓄电池的租赁各地都有了比较成熟的操作模式,也获得了消费者的认可。

国家新能源汽车战略要"落地生根、开花结果"就要让电动汽车(包括电动教练车)的消费"活"起来。我们坚定地认为:实现教练车电动化不仅是驾培行业转型升级的需要,也是驾校打造绿色品牌、实现自我发展的必然选择,更应该成为促进新能源汽车消费的重要手段。

我们也应该看到,教练车电动化的前景是美好的,发展的道路是曲折的。各地区驾培行业的发展很不平衡,驾校的实际情况千差万别,实行教练车电动化进程也将完全不

同。本文的分析还不全面,观点难免有些偏颇,欢迎批评指正。

简介

李超,男,1974年7月出生,浙江永康人,中共党员,西南政法大学毕业。现任中国道路运输协会驾驶员工作委员会副主任委员、浙江省汽车驾驶员培训行业协会法人代表、永康市先行汽车驾驶员培训有限公司总经理。

丁锦明,男,51岁,毕业于北京交通大学远程教育学院汽车运用工程专业,本科学历。机动车理论、实操高级教练员,永康市先行汽车驾驶员培训有限公司理论培训中心主任,从事永康道路运输从业人员培训工作多年,曾获得市道协"优秀指导老师"称号。

浙江省永康市先行汽车驾驶员培训有限公司成立于2002年,经过十多年发展目前拥有训练场地四万多平方、办公用房三千多平方、各类教练车108辆,公司从开办之初就坚持"诚信、踏实、专业、负责"的办学理念,在各级领导和社会各届关心帮助下,先后获得全国文明诚信优质服务单位、浙江省"十佳驾校"、浙江省文明示范驾校等荣誉,公司将坚持"只有更好没有最好"的工作理念,虚心学习不断进步将驾培事业做优、做强为社会输送更多有安全文明意识的驾驶人才。

绿色驾驶从驾驶技术培训的根源抓起

万里运业股份有限公司　刘华仑

随着经济社会和道路交通的快速发展，驾培业高度市场化，新理念、新技术和新法规接连推出，逐步产生并积累了一些深层次的问题。而驾培本身作为现代服务业中的“服务”，也是理论知识到具体实践的桥梁，亟需在政策和法律的规范之下，通过不断的自我启蒙和改革，查找品质服务的“短板”，寻出创新发展的路径，更好地贯彻创新、协调、绿色、开放、共享的发展理念。

一、依法治理是正本清源之举

驾校担负经营和培训的双重责任，一般由交通部门审核资质，工商注册，以公司化模式运营。招生培训后，由公安部门考试发放驾驶证。整个驾培行业具有多和散的特点、小且弱的弊病及乱和差的问题。师生之间、学校和教员之间存在诸多问题，行业公信力、企业诚信度屡遭社会诟病。目前，全国多地都在探索驾培改革发展方向，但在实际运行中却陷入尴尬。

道路交通安全法规定：“驾驶培训学校、驾驶培训班应当严格按照国家有关规定，对学员进行道路交通安全法律、法规、驾驶技能的培训，确保培训质量，对学员要树立良好的驾驶道德和遵章守法的安全意识。”但从中部地区的情况来看，实际效果并不理想。某地500多万常住人口，驾校200多家，九成以上是二类驾校，各有教练车不超过50辆，且八成车型为小型轿车。许多驾校在经济利益的驱动下，采取粗放经营方式和应试教学方法。在经营模式上，千篇一律。多数驾校松散型运作，将教练员、教练车分散到城乡各点，拉网式布点经营。其中一县城人口不过百万，驾培点多达300多处，布点多、硬件缺、成效差。有的驾校师资力量不足，或接受教练挂靠，或向其他方面教员租借教练资格证，应付资质验收。个体教练挂靠驾校，自己带车入股，来去自由，师德师风失范。在招生旺季,“萝卜快了不洗泥”。在招生淡季,就利用低价揽生源。一些黑驾校挂靠品牌驾校名下,吃拿卡要的“潜规则”和乱收费的名目繁多。在教学模式上,各有标准。有的驾校缩水培训,不给学员安排练车机会,十多人一部车,甚至是“练手十分钟,等车大半天”。学员只好额外买时间练车。不少驾校快速招生、忙中应试,训期短、成绩平、出校快,不实用。有的教练员干脆让学员背题库、记口诀、认点位,或千方百计赚取学员复训费、补考费等。

从长远考虑,百姓购车刚性需求旺盛,机动车和驾驶人急速增加,带动驾培市场的生源持续增长。而大多驾校的基础不牢、管理不严、水平不高,“干一票是一票”,竭泽而渔。小驾校、黑驾校、个体户从中赚得盆满钵满,坑的是学员,伤的是行业,害的是社会。一批批驾车新手涌向城乡街道,让整个行业在前行中背负着沉重的原罪。究其原因,不良竞争导致驾校无利润或低利润,行业发展和企业生存缺乏合理的利润支撑。所以,只有以问题、矛盾为镜鉴,在法治范畴上进行正本清源的治理,才能从源头上根治驾培市场的泛滥。2015 年 12 月 10 日,国务院办公厅转发公安部、交通运输部《关于推进机动车驾驶人培训考试制度改革的意见》,为行业改革给出了目标和方向,启动了驾培行业深化改革的进程,并做出同步的推进和细化,既具体又全面。与此同时,机动车驾驶培训教练员、道路运输从业人员的“素质提升工程”也在推进之中,对驾培领域的创新提供了很好的宏观环境。

二、有针对性地实施精准对策

与全国供给侧改革的整体线条一样,驾培的供给侧改革内容包括行市开放、内涵创新和管理环境等。行业以机动车驾驶人培训考试制度改革为契机,以科学、安全、创新发展为主题,以文明、诚信、制度建设为核心,以规范教学和优质服务为重点,以素质教育和行业自律为基础,加强行业文明建设,规范企业经营行为,引导驾培机构转型发展。或可预期,新政对症下药,有利于优质驾校发展壮大,先进驾校从中受益。但破解行市难题绝非轻而易举,需要选树具有优、新特点的先进典型作为标杆,且能积极创新管理理念、经营模式、教学方法,启发驾培机构知崇高找差距,认清努力的方向和路径。

驾培改革的关键,在于重教育、抓质量、求效用。一是依法监管。主管机构加大驾培业信誉考核力度,围绕资格条件、经营行为、教学管理、培训质量、安全管理和诚信服务等,对驾校质量信誉进行量化考核。教练员资格证书统管、联网公示。二是维护行风。鼓励驾校创先争优,将实际、实用、实效作为驾培主导思想,落实预约培训、学时计时等管理制度。组织开展文明诚信、优质服务等主题活动。三是整顿市场。开展驾培市场专项稽查,清查违规报名点、培训点,取缔黑驾校、黑教练车,取缔挂靠教练车和教练员。四是强化安全。主管机构强化驾培行业监管,定期到校检查指导,查摆问题,立行立改;督促驾校严格按规定路线教学,杜绝培训学时和内容弄虚作假,以及单纯应付考试拿证行为;做好训练前、训练中、收车后的安全管理;开展消防安全应急、人员急救、逃生自救疏散等应急演练、应对训练。既教会学员熟练的驾驶技能,又培养学员安全素养、良好行车规范和意识,安全理念和娴熟技能并重。

在河南许昌,万里驾培恪守“育人为本,全面施教”之校训,配合监管,强化内控,打造优质差异化服务。一是注重校风。驾校完善内部管理制度和奖惩规定。教练员遵守行为规范,强化师德养成,以微笑面对学员,以真诚感动学员,以爱心服务学员。学员可以通过举报箱、校长热线,对教练员的服务质量、教学水平等进行点评,维护自身合法权益。一旦教练员有不良行为被学员举报核实,将严加处罚甚至辞退。二是改善教风。驾校严格培训记录的使用和管理,落实理论教学和操作培训学时。同时教练员因材施教、重点施教,争取星级评定,获得更高收入,让学员掌握学驾自主权。三是端正学风。营造想学、愿学、乐学的和谐氛围,打造亲情教学模式,形成教练公示、学员自选;计时培训、自主约考;全程数控、规范诚信;亲情服务、适中价格等特色。尤其是,提供营运驾驶员驾驶证、从业资格证、再培训合格证等“三位一体”培训服务,帮助有意向学员到公司实习,校企协同育人。由师傅进行传帮带,使驾驶新手安全度过实习期,练好基本功,学到真本事,成为真正的可用之才。还主动把绿色驾驶价值观普及到新学员、驾驶员当中,讲授安全驾驶技能和节能低耗方法,用知识指导技能、把技能变成绿色驾驶行为,支持企业向驾驶管理要安全、要绿色、要效益。

驾培行市有痼疾,不治将恐深。只有各方从做人、谋事的根源上抓起,主管部门从严、从实、从细监管,教练实实在在做人、严格按教学大纲教学,学员踏踏实实学习驾驶技术,努力做一个道德高尚、技术过硬的机动车驾驶员,才能打造本质安全,共享平安交通。

三、从应试教育迈向素质教育

没有传统的企业,只有传统的思维。驾培传统发展模式深陷价格战泥潭,无以为继。这种量变积累,最终引发既有发展模式革新,催生新优势、新力量和新模式。新常态下,驾校依靠素质教育这一利器争取好业绩,最大限度地满足学员需求,才是市场检验的试金石。

不少地方对职业技术院校日益重视,给与诸多优惠政策,经费充裕,不断追加学生资助。相比之下,驾校肩负驾驶员职业化、蓝领化的重任,没有职业教育的地位和身份,仅作为培训机构,承担道路交通安全第一道防线,依法履行纳税义务,实难达到师范、树人、惠久之职业教育境界。反观现实,全国范围内面临营运驾驶员短缺问题,缺口总量占行业总需求的21.2%,中部地区缺口最大;存在招工难的企业占全国道路货运企业总数的63.6%,东部地区企业招工难情况最为突出。之所以出现这些问题,是因为营运驾驶员的工作环境、生活条件、福利待遇、社会保障均处于较低水平,缺乏行业认同,职业荣誉感低,职业出路晋升改进出路有限。

换一种角度来看，营运驾驶员是特殊工种，熟练的技术、过硬本领来自于认真学习和经验总结，以及实践中不断探索和知识更新。其中多数人的年龄不超过 40 岁、初中以下文化程度，多是农民或失业工人等。随着人口红利衰减，劳动力增速放缓，放大营运驾驶员的市场缺口，对“双人驾”模式提出挑战。一方面，输出的驾驶员技术能力、职业素质、机械常识、安全文化等方面的素养总体差强人意，另一方面，驾校的发展思路和生存模式令人深思。获得 B 照及以上驾照需要较长年限（如获得 A2 类驾照需要经过 8 年时间，且扣分超过 12 分将进行降级处理），导致营运驾驶员的数量和素质难以满足市场需求。

机动车驾驶教学作为技术性较强的实践课程，要求学员在有限时间内掌握驾驶技能，关乎个人成长，以及社会和谐与进步。按常理，驾培市场不赚钱，经营者理应退出市场，但市场缺乏必要的退出机制，既有经营者很少退出，社会闲余资本持续涌入。加上监管不实、执法不严，靠违法违规经营获利很是常见。有企业人士提议，学员是未来的驾驶员，驾驶技能是否过硬、安全知识多寡、职业素养高低等都对未来有着很大影响，希望相关部门将驾培纳入职业教育的范畴，依托龙头骨干道路运输企业开展校企合作，以职业教育为抓手，以产业化整合区域驾培资源，规范经营行为、改善教学机制、夯实教学基础，实现驾驶证、从业资格证和学历证“三证并予”，给予学员财政补贴。另外，针对营运驾驶员职业病高发，人事部门将营运驾驶员纳入提前退休工种，有利于提升驾驶员职业地位，减少驾驶员后顾之忧。此间，行业协会发挥桥梁和纽带作用，对驾培职业教育给予指导，引领驾培经营主体向品牌化、专业化方向迈进。

驾培是学员难得的受教育机会，抓住这个根本，就等于抓住减少道路交通安全事故的源头。驾培行业作为道路运输的重要组成部分，从此开始，突出理念创新、科技创新、管理创新和体制机制创新，持续推动教育要素嬗变，为社会和市场培养合格驾驶人才。最终，驾校从应试培训到素质教育，教练员从低素质到高素质，学员从会开车到开安全车，营运驾驶员职业化、蓝领化，绿色驾驶价值观日益深入人心，必将全面推进绿色交通发展，不断提高交通运输发展质量和效益。

智能化道路考试制度下汽车驾驶培训创新研究与实践

海宁海昌驾驶员培训有限公司　张振华

随着人们生活水平的提高，会开车已成为当代人生活的必备技能，即进入“全民驾考时代”。各地公安交通部门为了减少人为因素对考试过程的干扰，提高考试的公开性、公平性、公正性，普遍采用智能化道路考试系统。但由于学驾人群结构的多样化，教练员整体素质的参差不齐，造成合格率一直低下的现实让学员谈“考”色变，让驾考从业人员身陷迷茫。加上驾校数量的急剧增加，学员自主选择教练，每年固有的生源量等使得竞争尤为激烈。那么，如何改变原有的一贯的固有的思维定式和习惯做法去适应这场改革将成为每一个驾培从业人员的当务之急。

一、驾驶培训新形势的调查与分析

1. 培训人群结构的多样化

众所周知，过去考驾驶证的一般是希望从事驾驶行业，或是经济条件非常优越的人群。可当今的学车群体主要是青年学生、务工人员，还有年纪较大的老年人，驾驶员培训已向年轻化和老年化两端延伸。学驾群体中文化程度、年龄、地域、身体素质、社会背景等差异性大，人员结构呈多样性。

2. 驾校和教练竞争的情况

随着国家审批驾校政策的放开，不少民营机构纷纷投资驾校，培训机构如雨后春笋不断涌现，导致驾校生源竞争加剧。学员自主选择教练员，教练员绩效考核等机制正在形成，教练员之间竞争趋向白热化。

3. 驾校教练水平参差不齐

目前，由于驾校教练员需求大，岗位紧缺，设置门槛较低，导致教练员队伍素质参差不齐，部分教练员职业道德不高。不少教练员没有经过系统专业培训，自身对智能化道路考试体系理解不深，又缺乏教育学和心理学的基础知识，教育培训质量不高，出现合格率偏低的现象。

二、创新培训的实践

创新培训是一种有组织的知识传递、技能传递、标准传递、信息传递、信念传递、管理训诫行为。目的是为了达到统一的科学技术规范、标准化作业，让学员通过一定的教育训练技术手段，达到预期的培训目标。笔者通过 PDCA 质量循环管理、现代信息技术、学员心理辅导等多种手段，全面提高培训质量。

1. 用“ PDCA 循环”规范培训流程

PDCA 循环是美国质量管理专家戴明博士首先提出的，它是全面质量管理所应遵循的科学程序。Plan（计划）、Do（执行）、Check（检查）和 Act（纠正）的第一个字母，它按照这样的顺序进行质量管理，并且循环地进行下去。培训工作也是一项全面质量管理，所以，要先提出目标计划，再按照计划进行执行与检查，通过检查找出问题和原因，再采取纠正措施。

（1）P 制订计划。在管理实践中，计划是其他管理职能的前提和基础，并且还渗透到其他管理职能之中。因此，驾驶培训同样如此。首先，编制要合理的《智能化路考训练计划》，笔者在传统路考训练的基础上，根据智能化路考的特点，对教学内容、重点难点、教学时间安排、补救措施进行全面分析与整合，制订了比较详尽的培训计划。其次，规范计划格式，计划包括训练时间、内容、地点、注意事项等，通过纸质表格和微信图片发给每位学员，使学员看后一目了然。最后，严格执行训练计划，不擅自变更，保证学员有充裕时间参加训练。

（2）D 执行。执行是指用实际行动去落实施行。常言道，心动不如行动，希望什么，就主动去争取，去促成它的发生。例如，把训练科目分解成各个训练项目，把每个项目细化为动作要领——操作要求——常犯错误三块。项目设置符合训练内容，训练要求符合考试标准，训练强度符合大纲要求。保证每次训练即是一次交流学习，每次操作即是一次模拟考核。

（3）C 检查。通过检查，有效地监督管理工作，使学员得到提升，及时反映操作中的弊端。例如，学员在每次操练时，教练应全面检查学员训练的每个细小动作，包括操作正确性、手法熟练程度、时间量预设、情绪表现、心理变化等，发现问题，及时释疑，使其改正，并记录错误原因，让学员思考。

（4）A 纠正。纠正的目的是为了消除已发现的问题，是针对问题所采取的行动。如不及时纠正不正确的手势与行为，势必会产生严重后果。为此，教练应严格要求，并制订纠正措施，有针对性的纠错训练，彻底消除存在的问题，防止错误的再发生。

2. 用“信息技术”提高培训效率

现代信息技术在培训中的应用也越来越广泛。将现代信息技术全面应用到驾驶培训的整个过程中去，改革培训模式，整合培训资源，促进在培训内容呈现方式、学员学习方式、教练教学方式和学员互动方式的变革,使信息技术真正成为学员认知、探究和解决问题的工具。培养学员利用信息技术自主探究、解决问题的能力,提高学员学习的层次和效率。

(1)安装仿真考试训练系统。笔者根据现代培训需要,投入7000多元,率先在训练车内安装了仿真考试训练系统。通过GPS定位系统、信息处理等设备实现对考试项目的自动化评判,代替原来人工评判等相关功能。本系统可以为学员及时提供扣分内容、扣分分值等信息,让学员更有真实感。学员在仿真情况下,可以提高学习效率、查漏补缺、把这一阶段的问题都暴露出来,是对最近学习状态的一次最佳反馈,对自己心理状态的一次最好磨炼。

(2)建立微信群聊。微信群的优势是可以多人聊天交流,群主在创建群以后,可以邀请朋友或者有共同兴趣爱好的人到一个群里面聊天。同样学员在群内除了学习交流外,还可以共享图片、视频、网址等。当一个学员向教练询问问题时,群内其他学员都可以学习到知识,一个学员获得一次成功,整个群内学员可以得到一个愉悦体验。同时这还可以避免了个别胆怯学员因不敢询问问题的弊端,大大提高了学习效率。

3. 用"案例教学"探究"问题"的根源

教学案例是真实而又典型且含有问题的事件。简单地说,一个教学案例就是一个包含有疑难问题的实际情境的描述,是一个包含教学实践过程的故事。它对于活跃培训气氛,调动学习积极性,提高学员分析问题和解决问题的能力,增强培训效果等具有独特的作用。对此,笔者采取了以下做法:

(1)精选案例。案例的选择首先要具有目的性和针对性,要符合客观事实,又要贴近学员的实际。笔者每天下班都要根据学员当天出现的情况,在电脑前搜索相关典型案例,有针对性下载影视资料,通过微信群发给学员,让学员们一起思考寻找解决的办法。

(2)思考和讨论案例。教练设计问题要观点鲜明,有针对性,逐步深入。例如,斑马线礼让行人问题,笔者提出了在什么情况下必须"礼让",看到其他车辆没有"礼让",你是怎样想的,以引起学员的共鸣。

(3)教练评价。案例分析的答案并非唯一性,教练员要让学员发表自己的见解,再结合学员的观点,深入设计问题,让学员思考。教练员要针对学员的答案及时做出评价,给予正确评判。评判时以鼓励为主,切忌训斥或讥讽。

4. 用"图示法"来加深对考试重点的印象

图示法是一种新的培训指导方法,它对教练员在培训和指导学员训练中有重要作用。笔者根据智能化道路考试的特点和学员认知规律设计了"考试图示"如图1-所示,从道路虚实线、车辆起止点、项目布局、考题标准、色彩做出精心设计,通过纸质文件或图片发到微信群供学员参考。这样的优点一是形象又直观的图示,化烦琐为简单,学员可以用较短的时间浏览一遍,不会占据学员工作时间。二是学员训练后回家休息,不会因间隔多天时间而遗忘,利用作息空余时间可以随时拿出来复习一遍,使考试重点不断在脑海中呈现,巩固知识要点。

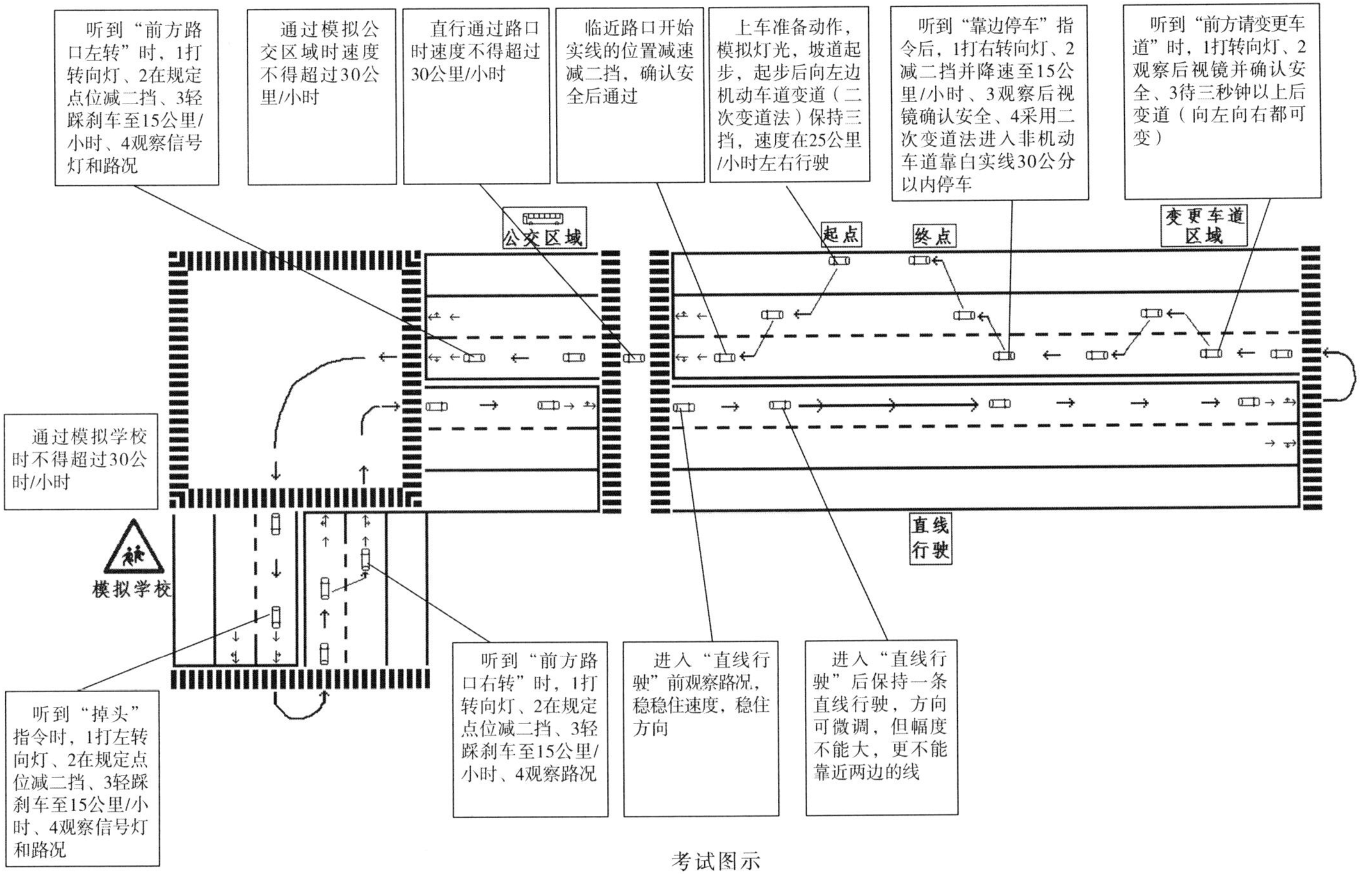
听到“前方路口左转”时，1打转向灯、2在规定点位减二挡、3轻踩刹车至15公里/小时、4观察信号灯和路况
通过模拟公交区域时速度不得超过30公里/小时
直行通过路口时速度不得超过30公里/小时
临近路口开始实线的位置减速减二挡，确认安全后通过
上车准备动作，模拟灯光，坡道起步，起步后向左边机动车道变道（二次变道法）保持三挡，速度在25公里/小时左右行驶
听到“靠边停车”指令后，1打右转向灯、2减二挡并降速至15公里/小时、3观察后视镜确认安全、4采用二次变道法进入非机动车道靠白实线30公分以内停车
听到“前方请变更车道”时，1打转向灯、2观察后视镜并确认安全、3待三秒钟以上后变道（向左向右都可变）
公交区域
起点
终点
变更车道区域
直线行驶
通过模拟学校时不得超过30公时/小时
模拟学校
听到“掉头”指令时，1打左转向灯、2在规定点位减二挡、3轻踩刹车至15公里/小时、4观察信号灯和路况
听到“前方路口右转”时，1打转向灯、2在规定点位减二挡、3轻踩刹车至15公里/小时、4观察路况
进入“直线行驶”前观察路况，稳稳住速度，稳住方向
进入“直线行驶”后保持一条直线行驶，方向可微调，但幅度不能大，更不能靠近两边的线

考试图示

5. 用“心理辅导”来稳定学员应试心态

心理辅导是指心理辅导者与受辅导者之间建立一种具有咨询功能的融洽关系，以帮助学员正确认识自己，接纳自己，进而欣赏自己，并克服成长中的障碍，改变自己的不良意识和倾向，充分发挥个人潜能，迈向自我实现的过程。据笔者发现，学员考试一般具有畏惧、羞愧、忧郁、侥幸、应付等不良心理。主要表现在：考前有的脸色绯红或苍白，有的坐立不安，有的尿频尿急；考中有的听错语音提示，有的脑中一片空白，有的手脚僵硬、动作不协调；考后有的沉默寡言，有的唉声叹气、信心丧失。笔者做法是：

(1)练好基本功，增强自信心。平时加强学员的基本功练习，把基本功练扎实，达到熟能生巧的程度。

(2)强化训练，降低紧张焦虑值。错误动作具有顽固性，所以，教练员务必把它作为重点、难点，做到标本兼治。

(3)加强模拟考试训练，提高心理承受能力。笔者利用安装的仿真系统优势，做到训练与考试相结合，让每个学员有身临其境之感。

(4)要注重考试场地和环境的熟悉，消除紧张感。笔者每次考试前，都要带领学员赴考试实地考察，让学员对现场有个全面了解。

(5)要教会学员自我减压的方法，自我调整心态，保持良好的精神状态。

三、取得成效

近五年来，笔者把教练工作当作自己的事业，平时勤学多思，不断创新，力争做一名优秀的教练员。努力让学员学得快乐，学得轻松，不辜负学员的期望。自实施智能化道路考试以来，考试合格率逐年提高，学员人数饱和。2015 年合格率高出当地平均二十个百分点左右，2016 年已达三十个百分点。学员满意度测评良好，得到驾校及考试中心的一致好评。

总之，汽车驾驶技术培训是一项系统工程，只要驾校有良好的培训环境，教练员具有崇高的职业道德，掌握科学的训练方法，学员勤奋好学，培训质量一定会不断提高，驾驶培训的明天一定会更美好。

简介

张振华，男，1981 年 5 月出生，2000 年毕业于嘉兴职业技术学院(原嘉兴农校)汽车驾驶应用与维修专业，中专学历，于 2012 年 9 月取得汽车驾驶教练员资格证书，2013 年进入海昌驾校担任教练员工作。

自工作以来,张振华刻苦钻研,经常与其他教练员探讨教学方法,获取教学经验,总结教学技巧,汇集成一套自己的教学理念。

海宁海昌驾驶员培训学校有限公司成立于2013 年4 月,现有C1 型教练车47 辆。作为一家成立三年多的新驾校,虽然时间不长,但是师资力量雄厚。在三年办学历程中,学校多次获得各种奖项。

2014 年度获得了海宁市汽车技术协会的“先进团体会员”称号及奖状。

2015 年度获得了海宁市汽车技术协会的“先进会员单位”称号及奖状。

2016 年获得了浙江省驾培行业协会颁发的“浙江省文明示范驾校”称号及奖状。

2015 年度朱汇忠教练员被浙江省驾培行业协会评为明星教练员。

所有这些都是海昌人通过实际行动树立起的嘉兴驾培行业闪亮的品牌形象。海昌驾校凭借自身的雄厚实力,努力打造质量优、信誉好、品味高的精品驾校形象,真正做到让学员开心而来,满意而归。

远程网络教学之于驾培改革

——以远程网络教学为支点,为新一轮驾培改革加杠杆

三八三网络科技(北京)有限公司 CEO　张　闯

[**摘要**]　近年来,我国汽车越来越普及,驾培行业逐步市场化、社会化,并且步入了改革发展的关键时期,业内对改革几大要点的反应却冷热不均。本文探讨了远程网络教学改革的遇冷现状及其原因,并深入分析了该项改革的迫切性。在此基础上,本文提出了远程网络教学的改革方案——建立平台化远程网络教学,互联网、大数据和云计算创新了理论学习方法,着力解决当下驾考理论学习的困境。对于驾培行业发展壮大、交通管理部门实施监管、驾校降低成本提高效率和学员方便学习来说,都将起到举足轻重的作用。

一、市场和政策背景

据《中国互联网络发展状况统计报告》显示,截至 2015 年 12 月,中国网民规模达 6.88亿,互联网普及率达到 50.3%,半数中国人已接入互联网;李克强总理在政府工作报告中也提出制定"互联网 +"行动计划,互联网对于整体社会的影响已进入到新的阶段。大数据、云计算、网络共享等逐渐与驾培紧密相连,它将用"智能"的力量重塑驾培的新形态,以用户体验至上的互联网学车时代正在到来。

随着近几年我国驾培市场大发展,驾培机构培训规模不断扩大,培训能力已趋于饱和状态。2015 年,全国约有 15000 所驾校,80 万辆教练车,培训能力约为 6400 万人,而年培训需求仅 2000 余万,供大于求近三倍。可见驾培业最突出、最主要的矛盾是供求失衡,产能严重过剩。2015 年 12 月召开的全国交通运输工作会议,提出将"推进供给侧结构性改革”，驾培市场改革创新、摒弃惯性思维，代之以互联网思维和科技思维，是摆在每一个驾校面前的重要课题。

为此，国务院发布了《关于推进机动车驾驶人培训考试改革的意见》（国发办〔2015〕88号）（以下简称88号文件），文件提出建立开放有序、公平竞争、服务优质、管理规范的驾驶培训市场体系。88号文件要求驾培改革的主要任务是要创新培训方式，实行分类教育、计时培训、计时收费、试点小型汽车驾驶人自学直考；文件还要求驾培企业要严格按照培训大纲规定的学时和内容进行培训，改进理论知识培训内容，采取远程网络教学、多媒体教学等多种方式。

二、改革现状与理论培训存在的问题

1. 同样是改革关键词，市场反响却是冰火两重天

随着88号文件的发布和《关于修改〈机动车驾驶证申领和使用规定〉的决定（公安部令第139号）》的正式实施。16个试点城市在自学直考方面推出了一系列配套改革措施，各地方运管部门、驾协积极推进改革，逐步实现了学员自主约考，并积极推动驾校落地先学后付、计时付费模式。然而，88号文提出的另一项改革要求“改进理论知识培训，采取远程网络教学、多媒体教学等多种方式”却被业内人士普遍忽视。今年以来，各地方驾协召开的各种会议上，自学直考和先学后付都是热门话题，但是驾校经营者对网络教学鲜有提及。

不仅如此，网络教学的社会关注度也呈现出一边倒的局面。据百度数据显示，搜索“自学直考”有268万个结果，搜索“先学后付”“计时培训收费”有115万个结果，而“驾培网络教学”只显示了48万个结果。

2. 驾培理论培训存在的问题与原因

（1）驾培理论培训的热度与要求反差大。以C1驾照为例，根据教学大纲规定，理论知识培训占全部学时的36%；而在费用方面，理论培训收费约占全部驾培收费的10%左右。对于那些规模小的驾校而言，由于收取的学费较低，理论培训费用所占比重往往更高，理论培训所占比重见下表。

理论培训所占比重

项目	理论知识培训	整个学车流程	法培所占比例
学时	28学时	78学时	36%
费用	400～700元	4000～7000元	10%

由此可见，无论从哪方面来讲，理论培训都十分重要。然而，如今的状况却是大品牌优质驾校都对此极为重视，反而是小型、不规范教学的小驾校普遍无视理论教学，进而导致远程网络教学改革遇冷。

(2)产生这种问题的原因。出现这种反常情况,主要是由于以下原因:一是因为许多驾校采用大包价一次性收费,收费不透明,学员不了解收费标准与费用明细,很多驾校即使没有进行理论培训,也仍然收取此项费用;二是因为规范的理论知识培训需要配备专门的教室与专业的讲师,驾校规模越小,这项成本所占比重越高,对一些以价格竞争求生存的驾校来说,设置理论培训得不偿失;三是由于我国驾培行业长期存在理论知识不学或少学的现象,在驾培改革开展后,业内人士习惯性忽视了理论培训与远程网络教学。

3. 驾培理论培训改革的迫切性

在改革深入推进,驾培领域分化加速的今天,如果再不重视理论知识培训,不对此进行改革创新,势必会被市场淘汰。

(1)先学后付改革的影响。先学后付、计时培训改革的推进,要求驾校逐步实现收费透明化,服务优质化,学员可以对驾校的服务水平和教练员的教学质量说"不",培训满意后再付费,此举将把传统的"师徒"关系转变为"消费与服务"的关系。

以上海某驾校 C1/C2 培训收费标准为例,学员报名需一次付清考试费、办证费、考试设备租赁费、教材、理论知识培训等相关费用 1150 元,其收费项目与价格都有详细介绍,其中理论知识培训收费占报名费的 40% 左右,上海某驾校报名费见下表。

上海某驾校报名费

首次报名的大包价与计算方法				
分类	明细	数量(学时)	单价(元)	价格(元)
理论知识	科目一	12	16.6	498
	科目二	2	16.6	
	科目三	16	16.6	
考试费	科目一至三	3	40	120
考试设备租赁费	科目二	1	160	160
	科目三	1	310	310
教材费	《安全驾驶从这里开始》	1	40	40
办证费	结业证、驾驶证	2	6	12
保险	意外伤害险	1	10	10
总计(元)	1150			
备注	考试不合格,考一补一后仍不合格的,需另付相关费用。科目一只交考试费用,科目二和科目三需交考试费和考试设备租赁费。			

先学后付实现后,驾校收费项目将逐步实现透明化,学员可以很清楚地了解其费用的具体构成。驾校如果不能提供理论知识培训或存在培训不规范现象,学员可以拒绝缴纳理论培训费,仅支付教材、保险等费用,这对驾校来说将是一笔重大损失。因此,在收

费透明的情况下,驾校需在理论知识培训部分提供更规范、更优质的服务。本轮驾培改革很快就将断掉那些总想投机取巧和滥竽充数驾校的后路。

(2)信息披露制度的影响。88 号文要求建立健全信息披露制度,“向社会公布驾驶培训机构培训质量情况以及考试合格率、学员投诉率、学员取得驾驶证后三年内的交通违法率和交通肇事率等信息”,以此方便学员选择优质驾校。四率的高低,客观上与驾校在培训过程中对理论课讲授的重视与严格执行有重大关系。

正如东方时尚驾驶学校股份有限公司总经理闫文辉先生在一次采访中所说,“我们国家从幼儿园到大学,没有一个课程是专门学习道路交通安全法,只有在驾校学车的过程中,接触到道路交通安全法,如果在这个环节再培训不到位,只是背题之类的,没有真正理解法,将来很难做到守法出行”。在韩国,考驾照共需通过笔试、技能考试、路考三项考试。首先去驾校报名,在那里接受交通安全教育后,参加交规考试,考试通过后才能进行技能培训。日本对于交规课程同样重视,规定至少达到 26 个学时,且驾校课程的内容设置全面。学员学习的过程,也是一个安全驾驶意识养成的过程,高质量、规范的理论知识培训有助于培养驾驶人的安全文明素养,降低交通违法率和肇事率。

信息披露制度健全后,驾校由于理论培训不规范导致的学员高交通违法率和肇事率会造成极大的不良影响,该驾校也最终会被市场淘汰。

(3)自学直考改革的影响。从 4 月 1 日驾考新政落地至今,16 个试点城市纷纷部署自学直考。在这种形式下,驾校需要意识到,学员可能以“自学直考”名义绕过科目一培训,省去相关费用,在科目二和科目三技能培训阶段再回到驾校。在互联网时代,这种“驾考省钱攻略”的传播杀伤力不容低估,一旦成为潮流,就会出现大量学员不交科目一培训费的恶劣情况。这种情况不仅仅是对个别驾校的惩罚,也会伤及众多无辜的驾校,使全行业声誉受损。因此,驾校对此必须积极应对,拿出切实行动来,在理论培训阶段为学员提供有价值的服务。

三、远程网络教学定义、区别、优势

为应对上述市场变化,也为了规范驾培行业,改善我国道路交通安全状况,驾校急需寻找一种受用户欢迎的、低成本的理论培训方式,而远程网络教学的方式,就能在一定程度上满足学员和市场需求,并且也能促进驾培机构教学模式和服务理念的全面革新。

1. 理论课远程网络教学含义

理论课远程网络教学,是指将科目一和科目三理论知识、技能等内容制作成视频,借助互联网计算机技术、多媒体方式将视频内容以串流媒体的形式发布在网上,可被电脑或手机接收与播放进行教学。根据远程网络教学的特殊场景要求,巧妙安排碎片化、小节式的课程设计,即能够更加生动、形象的展现出在课堂上无法实际讲授的内容和知识,同时又真实地记录了教与学的全过程,同时还方便学习者随时随地反复学习。

2. 理论课远程网络教学与传统教学模式的区别

远程网络教学与传统模式的区别见下表。

远程网络教学与传统教学模式的区别

	理论课传统教学模式	远程网络教育教学模式
教学内容	以教科书呈现教学内容	以影像、动画、音乐等方式呈现,并加入随堂练习模拟考试等
教学方法	以讲师讲授为主(讲授式)	以视频播放为主(发现式)
教学方式	说教式教学(面对面),同一物理时空	交互式教学,时空隔离
讲师角色	素质高低不一	具有高水平高素质
教学地点、时间	相同时间,相同地点	不同时间,不同地点
课后学习	一次性学习,巩固学习机会少	可反复观看进行复习
学习行为	集体的无个性的统一学习	个性化、多样化的学习
学习进度	统一教学进度	自定步调学习
教学费用	统一付费	按照学时付费
学习方式	学生被动接受知识	学生积极主动选择学习内容
评价方式	相对封闭的评价	开放透明的评价

3. 理论课远程网络教学的优势

从社会宏观层面来看,改进理论知识培训,采取远程网络教学的方式,不仅积极响应了88号文中的驾培改革意见,符合国家驾培教学大纲要求,而且有助于淘汰部分不规范驾校,整合优质驾校,改善驾培行业产能过剩的现状,促进了驾培市场开放竞争。

从监督管理层面来看,建设信息化平台,开展远程网络教学,能够引起学员对理论课的重视,交通运输管理部门可以将从报名到理论学习全程纳入电子监管,要求每位学员务必达到规定课时,切实保证培训质量。

从驾校层面来看,驾校搭建前期教学平台可能投入较高,但是共享平台可以分摊高额成本,而且经过推广后驾校加入越多,所需支付的费用就越低。随着时间推移,平台项目带来的利润又可投入到下一代产品的研发,不断促进产品的更新换代,进一步满足用户深层次需求。另外,制作成果共享还降低了驾校的培训成本,众多优秀且富有多年教学经验的理论培训讲师共同参与制作的课件,弥补了驾校师资力量的不足的缺憾;此外驾校积极采用先进技术提高工作效率,能在行业中建立良好的口碑。

从学员层面来看,首先远程网络教学的资源共享能够让学员获得最优质的学习资源;其次网上远程教学视频打破了时间和空间的限制,学员可以根据自己的情况选择时间地点进行理论学习,尤其适应忙碌的现代人进行碎片化学习,这无疑给学员的学习带来了极大方便;最后综合教学方法让学员不必采用题海战术,而且能深入掌握相关交通法规和安全知识,形成防御性驾驶思维。

目前,局部规模性的远程网络教学开创性实践已经取得了可喜的成果。通过上线驾校的调研发现,有将近57%的学员会选择在17:00至9:00期间观看,而传统授课方式是基本无法实现的,可见网络教学为学员提供了极大的便利性。没听懂的课程可以反复学习以弥补短板,也可以按自己的喜好调整学习的顺序。据相关数据显示利用网络授课方式参加考试的通过率比利用传统书本授课方式的要高10%,观看网络课程时间统计见下表。

远程网络教学与传统教学模式的区别

观看时间段	1~5时	5~9时	9~13时	13~17时	17~21时	21~24时
所占比例	5.50%	6.80%	19.10%	24.10%	29.00%	15.50%

四、未来的改进方向

1. 融入趣味性、个性化和互动性来不断提高用户体验

“用户体验”是做互联网商务的核心和精髓,应用在理论课网络教学方面,就要更加重视其趣味性、个性化和互动性。

在趣味性方面,在针对某一个主题进行视频讲解中,可以配合讲故事或经历事故的方式来突出重点、深入浅出的讲解知识,以扣人心弦、具有感染力的方式使学员对某些基本知识有全面认识。另外通过案例分析,帮助学员全面了解驾驶技能知识及交通常识。

在个性化方面,远程网络教学可以利用大数据系统,对不同学员进行区别划分,提供差异化的网络教学服务。将远程网络教学划分为不同种类,比如为不同年龄阶段的人提供不同的教学方式的视频,再比如根据学员学习过程的数据可以判断出他的知识薄弱点,系统根据情况可以提示用户对这些知识点进行针对性强化。

在互动性方面,在线学习的时候学员可以在疑难解答中留言,后台回答相应疑问并对每位学员的进度进行监管。还可以建立微社区,组织学员进行相应的讨论和知识分享。

2. 充分发掘先进的技术来丰富理论远程网络教学

以个性化支持技术、WEB技术、数据库技术和云计算为依托所建立起的网络学习环境,开发一套线上学员管理系统,建立规范的数据模型,可电子化追踪学生的学习进度、特殊习惯,根据学生性格安排教学方式等,为学员顺利通过考试节省时间。

3.将模拟教学引入到驾培全过程

把模拟教学用于新训学员初级阶段训练及安全教育中,让学员在学习理论知识的同时,能够身临其境对特殊路况的驾驶进行学习,结合驾驶模拟器操作培训,直观了解汽车各系统结构、原理及特点。模拟教学可以为学员以后的实车训练提高训练效果,缩短初期训练时间,还能克服培训中期阶段因地域、培训时间、培训场地等特殊交通环境造成的实际操作训练的困难;更能为学员以后开车上路提供安全保障,减少交通事故的发生。

五、结束语

伴随着移动互联网发展壮大以及驾培行业改革的不断深入,驾培市场的竞争将会越来越激烈,如何利用互联网科技打造核心竞争力是每个驾校应对改革的必由之路。政府监管部门引入大数据和逐步实现信息公开的大趋势已经显现,驾培成果的追溯制将给全行业带来巨大的压力。迅速引入理论课远程网络教学手段,为理论课学习开启方便快捷之门,就可以为用户享受舒适体验聚活力,为道路交通安全驾驶做铺垫,为驾培行业转型升级增添新动力!

读后感

读了《务实创新话驾培》这本文集的书稿，倍感亲切，受益匪浅，由此让我想起了从事驾驶员培训工作几十年风风雨雨的很多往事。曾记得，我国的驾驶培训从来都不被人们关注，虽然驾驶这个职业非常吃香，但培养驾驶员的人只是一个教人学艺的师傅，“驾校”一直处于被人们遗忘的角落。2004 年《中华人民共和国道路交通安全法》颁布实施后，驾校有了定义，有了名分，有了生存发展的基础和条件，培训也彻底摆脱了以师带徒的传统模式。十多年来，驾校迅速发展，教练员数量剧增，学员的年培训量达 2200 万人以上，学习驾驶的人群覆盖到各行各业及千家万户，驾驶培训行业的社会影响逐渐扩大，从而引起了政府和社会的高度关注。

驾校是教书育人的地方，是安全文明驾驶人的摇篮，这是一个无可争议的事实。但为什么驾校总是登不上育人的大雅之堂，总让人们认为只是一个学点技艺，拿到个驾驶证的地方。原因是近年来这个行业的沉寂往事和文化没有能够好好地总结、宣传，所以被人遗忘。驾校始终在忙碌着招生、培训、考试，为了招生和考试名额，校长们费尽了心机，却没有去认真总结；驾校的教练员一天到晚忙忙碌碌，重复着单调的培训教学工作，送走一批老学员，迎来下一批新学员，却没有把好的经验和好的形象传播出去。驾校为社会培养的大批驾驶员，却不为人们所认可，负面影响远大于正面的影响，正能量不能被社会认可。关键是驾校、教练员拿不出能够证明自己、展示自己、宣传自己的东西，没有很好的积累和总结自己的经验，没有写出让人们折服的文章，埋没了经验、埋没了对社会的贡献。

驾校需要文化、需要传承，没有文化的驾校没有前途，没有文化的校长缺少品味，没有文化的教练难有师德，没有文化的学员品质低劣。这本文集，给了我一种感觉和启迪，深感这个行业潜藏着很深的文化底蕴和很多可以挖掘的精华，有很多值得学习、借鉴、传播、弘扬的经验、知识、做法和理念。文集足以说明，驾校、教练员有自己的文化、有自己的经验、有自己的见解、有自己的传说、有自己的灵魂。出这样一本文集，汇总行业优秀人才的智慧，百家争鸣，百花齐放，让整个行业分享，是创意者们为行业做了一件大事。我谨希望大家都能认真阅读这本文集，这里面有作者辛勤的劳动和思考，有创意者们夜以继日辛苦的编辑，更有很多值得启迪、借鉴、弘扬的精髓。

感谢人民交通出版社股份有限公司为行业做了一件有意义的大事。

范　立　于北京

2016 年 9 月

后　　记

《机动车驾驶培训行业文集》起意于驾培制度改革之初，我们就想为改革、为发展，在行业内收集一些好的意见和建议。恰逢中国道路运输协会驾驶员工作委员会准备在全国开展一次驾培行业征文活动，于是“一拍即合”，成就了这次联合出版文集的创意。经过双方充分的沟通和策划，我们与中国道路运输协会驾驶员工作委员会联合发起了“献言驾培　共享发展”为主题的征文活动。旨在搭建一个交流平台，汇聚大家的智慧，为改革献计献策，推动驾培行业有序、健康的发展。号召业内人士结合自己的从业经历和感悟，说出对未来驾培行业发展的想法，共创探讨驾培事业的美好未来。

依靠行业的支持，从活动开展到初具规模，历时三月，收集稿件近百篇，这出乎我们意料。因为多年以来从业者们，抱着对驾培行业无限的热情默默地奉献着自己，但是整个行业却被置于大的交通环境中又不被人重视，没有话语权。没想到既是这样，也没有让从业者的这份热情消退，反而让信任与支持得以滋养，正是得益于此才能让我们的作者云集，顺利地完成此次征文活动，为了答谢大家的信任与支持，我们从百余篇稿件中挑选了其中三十余篇，经编辑加工集结成册，做成第一本文集，旨在尽绵薄之力，暖行业人心。

文集得以出版还要感谢为文集倾注心血的编辑们，由于文集作者均是一时之选，文章皆属言之有物，虽然已尽心尽力，固非完美。也正是编辑们夜以继日的加工修改，才能让这本文集及时与大家见面。

我们欢迎大家对文集提出恳切意见，更欢迎大家继续贡献精彩的稿件，我们会将此文集坚持做下去，争取年年有一集。最后，希望此文集能够与行业彼此促进，共同成长。

本文集编辑
2016 年 9 月